삶에관한 궁금증을 풀어보는

철학 여행

삶에 관한 궁금증을 풀어보는

철학 여행

플라톤철학연구소 감수
한닝, 리위, 스샤오밍 지음
정세경 옮김

베이직북스

차례

서문

인도의 옛날이야기 중에 '장님 코끼리 만지기'란 이야기가 있어요. 워낙 유명한 이야기니까 아마 한번쯤은 들어본 적이 있을 거예요. 그 자세한 이야기는 이래요.

날 때부터 눈이 보이지 않았던 장님 몇 명이 코끼리가 대체 어떻게 생겼는지 직접 알아보려고 모였어요. 손으로 더듬어 그 모습을 가늠할 수밖에 없었던 그들은 감각을 최대한 집중해서 자기 앞에 있는 코끼리를 꼼꼼히 만져보았답니다.

코끼리의 이빨인 상아를 만진 장님이 이렇게 말했어요.

"코끼리란 녀석은 아주 긴 무처럼 생겼구먼!"

그러자 다른 장님이 말했죠. "무라고? 그럴 리가! 곡식을 까부르는 아주 큰 키처럼 생겼는걸!"

알고 보니 그는 코끼리의 커다란 귀를 만진 것이었어요.

그러자 코끼리의 다리를 만져보던 또 다른 장님이 외쳤어요.

"코끼리는 아주 둥글고 큰 기둥처럼 생겼는데, 다들 무슨 소리야?"

"자네들 모두 틀렸네. 코끼리는 평평한 침대처럼 생겼다고!"

코끼리의 등을 만지던 장님이 말했죠. 그러자 코끼리의 꼬리를 만지고 있던 장님이 말했어요.

"내가 코끼리를 얼마나 여러 번 더듬어봤는지 아는가? 코끼리는 아주 길고 가는 밧줄처럼 생겼다네!"

장님들은 자기가 만져본 게 코끼리의 진짜 모양이라고 서로 주장을 굽히지 않았답니다.

이 이야기는 사물의 한 면만을 보고 전체를 판단하는 것에 대한 비유로 오랫동안 알려져 왔어요. 실제로 우리는 생활 속에서 사물의 어떤 한 면만 보고 자신이 아는 것이 그 사물의 전부인 것처럼 생각하는 경우가 많지요. 이렇듯 옛날이야기 가운데는 삶의 깊은 철학을 담고 있는 이야기가 많이 있답니다. '장님 코끼리 만지기'란 이야기가 이토록 오랫동안 많은 사람들에게 사랑받을 수 있었던 것도 사람은 누구나 자기 가까이에 있는 것만 보면 쉽게 오해할 수 있다는 생활의 이치를 알려주기 때문이지요.

사실 아무리 학식이 높은 사람이라 해도 자신이 아는 게 전부라고 믿는 장님을 비웃거나 조롱할 순 없어요. 그들도 종종 그런 실수를 저지르기 때문이지요. 우리 인류는 오랫동안 절대적이고 정확한 지식을 추구해왔어요. 또한 우리가 사는 이 세상을 어느 쪽으로 치우치지 않으면서도 완전하게 알고자 했지요. 그렇게 노력하는데도 사람들은 끊임없이 잘못된 판단을 내린답니다.

무언가를 정확히 알기 위해 이런 실수는 꼭 통과해야만 하는 관문이라고 할 수 있어요. 누구나 이런 실수를 피하고 싶어 하지만, 낯설고 자꾸 변하는 것을 만났을 때는 아무리 똑똑한 사람이라 해도 하나만 보고 전부라 생각하는 실수를 저지를 수밖에 없지요.

하지만 처음엔 낯설던 것도 시간이 지나면 차차 익숙해지기 마련이고, 모르던 것들을 알아내는 노력을 통해서 모든 것이 조금씩 분명해지기 시작하지요. 또한 그것을 알기 위해 많은 시간을 투자할수록 결과도 더 정확해지게 마련이지요. 지식이란 더 많이 그리고 더 넓게 쌓아가는 과정이 필요하기 때문이에요. 사실 우리 인류가 알고 있는 모든 지식도 알고 보면 장님이 코끼리를 더듬는 것처럼 시작되었답니다.

장님이 코끼리에 대해 온전히 알기 어려운 것처럼, 인류가 우주를 온전히 아는 것 또한 이루기 어려운 꿈일지도 몰라요. 하지만 인류는 이 꿈을 이루기 위해 우리가 상상도 할 수 없을 만큼 아주 먼 옛날부터 노력해왔답니다. 아마도 문자로 기록하기 시작한 몇 천 년 전보다도 훨씬 더 오래 전부터일 거예요.

고개를 들어 처음으로 하늘을 보았던 우리의 조상들은 너무나 아름다운 밤하늘을 마주하고 나서 과연 어떤 기분이 들었을까요? 깜짝 놀라거나 감탄했을까요? 아니면 신기하고도 두려웠을까요? 우리가 비록 그 기분을 알 순 없지만 인류가 아주 오래 전부터 우주에 대해 알고 싶어 했던 것만은 분명해요.

처음에는 엄청난 자연의 힘 앞에 두려움을 느꼈겠지요. 그 다음에는 그 힘을 신(神)이 조종하고 있다고 생각했지요. 그런 과정을 지난 뒤에는 하나하나의 사물을 들어 우주가 어떻게 생겼는지, 또한 사람이 가진 지식으로 그 본질을 알아내려 했답니다.

사실 우리가 바라본 우주는 장님이 만진 코끼리보다도 더 막연한 존재였어요. 처음 우주의 기원에 대해 연구했던 철학자들은 우리가 살고 있는 지구가 어떤 모양인지조차 확신할 수 없었지만 그들은 자신들이

장님이 코끼리에 대해 온전히 아는 것이 어려운 것처럼, 인류가 우주를 온전히 아는 것 또한 이루기 어려운 꿈일지도 모르죠.

본 물, 불, 나무, 흙 등과 같은 자연현상을 통해 어떻게 우주가 만들어지고 발전해왔는지 밝혀내려 했죠.

오늘날의 시각으로 보면 그들의 생각이 조금 유치하거나 우스워 보일 수도 있어요. 그러나 우주에 대한 비밀이 아직 신화와 같은 안개 속에 가려져 있던 때에 복잡한 우주만물을 연구하고 자연의 이치를 알아내려고 했었던 시도는 정말 대단한 것이었어요. 당시만 해도 보통 사람들은 우주에 대해 엄청난 두려움을 갖고 있었거든요.

그러니 그들 모두 위대한 조상인 셈이지요. 반짝반짝 빛나는 그들의 생각들이 모여 훗날의 사람들에게 우주의 신비를 찾아갈 수 있는 지혜의 창을 활짝 열어준 것이니까요.

철학과 과학, 종교 모두 이 세계를 설명하려고 시도했지요. 과학은 우리에게 구체적인 지식을 전해주었고, 종교는 사람들에게 위안을 주려고 했지요.

그러나 철학은 달랐어요. 철학자의 임무는 사람들에게 직접 무언가를 전해주는데 있지 않았고, 근본적인 문제, 즉 우주의 뿌리를 찾는 것이었지요.

사물의 본질, 또는 존재의 근본 원리를 사유나 직관에 의하여 탐구하는 '형이상학'이나 존재 또는 존재의 근본적·보편적인 모든 규정을 연구하는 '존재론'처럼 얼핏 듣기에 허황된 것 같은 이론들도 사실은 우주를 규명하기 위한 철학이라고 할 수 있어요.

철학(Philosophy)은 원래 고대 그리스어로 '지혜를 사랑하다'는 뜻이에요. 즉, 철학은 지혜의 학문이며 철학자는 지혜를 사랑하고 학문에 집중하는 사람이에요. 철학자는 어떤 문제를 연구할 때 언제나 그 뿌리

철학자는 어떤 문제를 연구할 때 언제나 그 뿌리와 밑바닥까지 샅샅이 훑어보고 알아내고자 하는 성향이 있답니다.

와 밑바닥까지 샅샅이 훑어보고 알아내고자 하는 성향이 있답니다. 그중에서도 가장 근본적인 문제가 바로 세상 만물이 어디에서 왔으며, 어떻게 우리가 보는 지금의 모습을 갖게 되었는지에 대한 궁금증이지요.

바로 이런 궁금증을 갖고 우리 모두 함께 철학여행을 한번 떠나보면 어떨까요? 이 여행단의 이름은 '지혜사랑'이고, 구호는 '지혜를 구하자!'예요. 제가 여행의 가이드가 되어 여러분을 지혜의 꽃밭으로 안내할게요. 지혜의 꽃밭에는 지혜의 꽃들이 가득 피어 있고, 한 송이 한 송이가 저마다 다 다르답니다. 자기만의 독특한 아름다움과 향기를 갖고 있지요. 왜냐하면 이 꽃들은 많은 철학자들이 평생을 바쳐 사색하며 물을 주어 키워낸 특별한 꽃들이니까요.

철학 여행 1

누가 세계를 창조했을까?

그리스! 그 이름만으로도 많은 사람들의 그리움을 자극하는 곳이지요. 고대 그리스인들은 후대 사람들에게 가치 있는 것들을 많이 남겨주었어요. 고대 그리스에서 시작된 올림픽은 아직까지도 사람들의 마음을 사로잡는 지구촌의 축제가 되고 있고, 사람처럼 개성이 강한 올림포스 산의 여러 신들은 또 어때요? 여자를 좋아하는 제우스, 질투심 많은 헤라, 아름답지만 위험한 비너스, 전쟁을 좋아하는 아테나, 태양의 신 아폴론, 어둠의 신 하데스, 바다의 신 포세이돈, 그리고 흥미진진한 신화(神話), 호메로스(Homeros, BC 800~BC 750)가 남긴, 유럽 문학 최고의 서사시 《일리아스》와 《오디세이아》, 힘과 아름다움이 어우러진 조각, 독특하고 근사한 신전, 열기가 뜨거웠던 투기장(사람과 짐승이 싸우게 하거나 짐승끼리 싸움을 붙여 구경하던 곳), 뛰어난 철학자들과 정치가, 극작가와 시인들 등 셀 수가 없을 정도랍니다.

만약 그리스로 여행을 가게 된다면 델포이 고고유적지를 방문해 아폴론의 신전들을 찾아보세요. 펠로폰네소스 반도를 찾아 유명한 미케네 고적지를 구경하는 것도 좋지요. 아가멤논 왕이 전쟁을 벌였던 트로이 유적지를 방문하는 것도 괜찮고요. 이런 이야기들은 마치 우리 꿈속에나 볼 수 있는 것처럼 낯설게 느껴지지만, 역사 속에서 실제로 존재했던 사건들이랍니다.

고대 그리스인들은 후대 사람들에게 가치 있는 것들을 많이 남겨주었습니다.

그리스는 철학자들에게 언젠가 돌아갈 마음속 고향과 같아요. 서양의 철학이 이곳에서 태동했고, 이후 수천 년 동안 철학 이론의 시초가 되었기 때문이지요. 그리스 철학의 탄생은 그리스 신화와 깊은 관련이 있어요. 고대 그리스인들은 우주 사이에 세상 만물보다 높은 것이 존재한다고 믿었는데, 그것이 바로 운명이랍니다. 그래서 고대 그리스의 신화와 비극작품에서 종종 인간과 운명 사이의 싸움이 그려졌지요.

운명은 우주의 탄생과 멸망, 사람들의 행복과 불행, 민족의 흥망을 결정하고 만물을 지배한다고 믿었어요. 〈피라와 데우칼리온〉 신화를 볼까요?

화가 난 제우스가 홍수를 일으켜 땅 위의 모든 것을 쓸어버렸어요. 크레타 섬의 왕인 미노스의 아들이었던 데우칼리온은 아내 피라와 함께 세상과 사람들이 다시 창조되기를 간절히 기도했답니다. 그러자 어디선가 음성이 들려왔어요. "네 어머니의 뼈를 너희 뒤의 땅으로 던져라." 이 말을 들은 데우칼리온은 음성이 말하는 어머니가 땅이고, 뼈는 돌이란 사실을 깨달았어요. 그래서 두 부부는 뒤를 돌아보지 않고 땅에 돌을 던졌지요. 그러자 돌은 마치 대리석처럼 사람의 모양새를 띠기 시작했고 곧이어 살아있는 남자와 여자로 변했답니다.

물론 이 신화는 신이 세계를 창조했다고 주장해요. 그러나 만물의 근원을 구체적으로 설명한다는 면에서 보면 흙이나 돌과 같은 구체적인 물질로 묘사하고 있는 걸 알 수 있어요. 다른 신화를 보면 우주만물의 본질은 흙과 불이 합쳐진 것이라고 말하고 있지요. 그래서 고대 그리스의 몇몇 철학자들은 세계가 물과 불, 흙과 공기 4가지 원소로 구성되어 있다고 주장하기도 했답니다.

첫 번째 이야기

우주의 어머니, 물

고대 그리스의 초기 철학은 자연과 우주를 연구의 대상으로 삼았어요. 그래서 서양 철학사에서는 이를 '자연과학' 이라고 칭했지요. 그들이 쓴 작품도 대부분 자연에 대한 것이에요. 그러나 안타깝게도 지금까지 남아 있는 작품은 없으며, 역사적인 기록으로만 그들의 생각을 읽을 수 있답니다.

이오니아는 고대 그리스 철학의 요람이었어요. 소아시아 서안(西岸)에 자리 잡은 이오니아는 아시아, 아프리카, 유럽을 잇는 교통의 요지였지요. 그 가운데 밀레토스는 이오니아에 속한 매우 중요한 도시국가로, 번화한 무역과 경제의 중심지였답니다. 바로 이곳에서 최초의 철학 학파인 밀레토스학파가 생겨났어요. 그리고 이 학파의 수장이자 그리스 최초의 철학자, 7현인 중 제1인자인 탈레스(Thales, BC 624년경~BC 546년경)가 모든 서양 철학의 시조로 알려져 있어요.

지식이 없는 사람은 마치 본래부터 구덩이에 누워 있어 한 번도 그 밖으로 기어 올라와본 적이 없는 거나 같단 말이오. 그러니 그런 자가 어찌 위에서 구덩이로 떨어지겠소?

대략 BC 6세기경에 살았던 탈레스는 밀레토스 사람이었어요. 기록에 따르면 그는 학문을 좋아하고 학식이 뛰어나 천문학과 기상 등 여러 분야의 과학에 관심이 많았고 이집트와 바빌론에서도 공부한 적이 있다고 해요. 그는 닮은꼴을 이용해 해안에서 바다에 있는 배의 거리를 계산했어요. 또한 피라미드의 그림자를 재서 피라미드의 높이를 계산하기도 했지요.

그에 관해 가장 유명한 일화는 BC 585년 5월 28일에 일식이 일어나리란 사실을 예측한 것인데, 당시 그리스인들은 한창 전쟁 중이었기 때문에 탈레스의 이런 예언은 전쟁이 일어난 사실과 함께 기록으로 남았답니다.

천문학을 연구하던 한 철학자가 하늘을 보며 걷다가 실수로 구덩이에 빠지고 말았어요. 지나던 누군가가 그를 비웃으며 말했죠.

"하늘의 것을 아는 사람이라고 하더니, 자기 발 앞에는 뭐가 있는지도 몰랐구먼. 이렇게 구덩이에 빠지니 학문연구에 큰 도움이 되겠소."

그러자 구덩이에 빠진 철학자가 말했어요.

"높은 곳에 선 사람만이 높은 데서 구덩이로 떨어질 수 있는 권리와 자유를 가지는 거요. 당신처럼 아무 지식도, 학문도 없는 사람은 이런 권리와 자유조차 누릴 수 없는 게지. 지식이 없는 사람은 마치 본래부터 구덩이에 누워 있어 한 번도 그 밖으로 기어 올라와본 적이 없는 거나 같단 말이오. 그러니 그런 자가 어찌 위에서 구덩이로 떨어지겠소?"

이렇듯 능숙한 변명을 늘어놓은 철학자가 바로 탈레스였답니다.

당시 어떤 장사꾼은 철학이 얼마나 쓸모없는 것인지 가난한 탈레스

탈레스는 최초의 철학자로 후대 사람들에게 이런 말을 남겼어요. "대지는 물 위에 떠 있다."

를 보면 알 수 있다고 비웃었어요. 탈레스는 그 장사꾼의 생각이 틀렸다는 것을 알려주리라 마음먹었어요. 그래서 그는 자신이 알고 있는 천문학과 수학, 농업 지식을 이용해 다음 해에 올리브 풍년이 들 거라는 사실을 예측했어요. 그는 그해 겨울 매우 싼 값에 도시에 있던 올리브유 짜는 기계 대부분을 빌렸답니다. 그리고 다음 해 올리브 수확 철을 기다렸지요. 그런 뒤 비싼 값에 올리브 짜는 기계들을 빌려주어 큰돈을 벌었답니다.

탈레스는 이렇게 철학자가 마음만 먹으면 얼마든지 큰돈을 벌 수 있다는 사실을 사람들에게 증명했어요. 다만 철학자가 지향하는 바가 거기에 있지 않기에 재물을 탐하지 않는 것이죠. 물론 이 이야기도 전해져 내려오는 이야기이기는 해요.

"대지는 물 위에 떠 있다."

최초의 철학자인 탈레스가 후대 사람들에게 남긴 말이에요. 그는 세계가 드넓은 바다에서 시작되었고, 훗날 물속에서 육지가 생겨났으며, 세계의 모든 것이 만들어졌다고 믿었답니다. 또한 대지는 물 위에 커다란 원반처럼 떠 있으며 하늘 역시 물이고 만물이 물에서 태어나 물로 돌아간다고 생각했어요. 이는 우주의 기원에 대한 오래된 철학적 관점으로, 이 이론에 따르면 세계는 생성되고 변화하는 것이랍니다.

초기의 그리스 철학은 모두 이런 관점을 갖고 있었지요. 탈레스가 왜 그토록 물을 존중하고 만물의 기원이라고 여겼는지는 쉽게 짐작할 수 있어요. 그는 넓은 바다로 둘러싸인 작은 섬에 살았기 때문이죠. 그곳 사람들의 생활은 바다를 벗어나지 못했고, 덕분에 전형적인 해양문화가 생겨났답니다. 또한 물의 신이나 바다의 신이 만물을 창조했다는 그리스 신화의 영향도 있었을 것이에요.

〈피라와 데우칼리온〉이라는 신화를 보면 만물이 흙과 돌로 생겨났다고 되어 있지요. 그런데 왜 탈레스는 만물의 근원을 흙과 돌에서 찾지 않았을까요? 아마도 그는 물의 변화 능력이 얼마나 대단한지를 깨달았던 것 같아요. 물은 어느 그릇에 담든 그 그릇의 모양으로 변하지요. 또한 물은 그 자체의 형태가 변화하는 능력을 갖고 있답니다. 이를테면 차가워지면 얼음이 되고, 뜨거워지면 증기가 되지요.

고대 그리스의 철학자들은 이성적인 사고를 했지만, 오늘날 사람들이 지닌 높은 수준의 추상적 사유능력은 없었답니다. 그들의 철학적 사고는 모두 주변 세계를 관찰하는 것에서부터 시작되었지요. 조금만 생각이 깊은 사람이라면 물이 얼마나 중요한지 깨닫는 것은 어려운 일이 아니에요. 생물치고 물을 떠나 살 수 있는 것이 있을까요? 생물학에서 말하길, 지구에 살고 있는 모든 생명이 바다에서 시작되었다고 해요.

"대지는 물 위에 떠 있다." 단순히 이 말 한마디를 가지고 탈레스를 서양 철학의 시조라고 말할 수 있느냐고 의문을 품을 수도 있어요. 그렇지만 그 대답은 "그렇다."예요. 비록 그의 주장은 아주 간단한 말 한마디였지만, 그 전에는 없던 새로운 생각이었으니까요. 무엇보다 환상이나 신화에 기대어 자연과 우주의 현상을 설명하지 않고, 이성적인 사유를 통해 우주만물의 근원을 규명하려 했던 최초의 시도였으니까요.

두 번째 이야기

영원히 살아 움직이는 불

헤라클레이토스(Heracleitos)는 고대 그리스의 철학자 가운데 이해하기 어려운 글을 쓰기로 유명한 사람이에요. 그렇다고 그에 대해 알기를 포기해서는 안 되겠죠. 아무리 시대를 앞서가고 현실과 동떨어진 주장을 한 철학자라 해도 그가 살던 사회와 역사적 배경, 성장환경을 벗어나기는 어려운 법이니까요.

헤라클레이토스는 대략 BC 540년에서 BC 480년 사이에 살았던 사람으로 당시 사회는 혼돈의 시대였어요. 그리스는 페르시아의 침입으로 한창 전쟁 중이었고, 그가 살던 에페소스 역시 사정은 마찬가지였답니다. 헤라클레이토스는 에페소스의 귀족이자 왕위 계승자였다고 전해지고 있어요. 그러나 그는 자신의 왕위를 동생에게 물려주고 아르테미스 신전 부근에 머물며 자연과 우주에 대해 연구하기 시작했지요. 사회는 불안하고 민족 간에 전쟁은 끊이지 않으니 헤라클레이토스의 사

헤라클레이토스는 자신의 왕위를 동생에게 물려주고 아르테미스 신전 부근에 머물며 자연과 우주에 대해 연구하기 시작했지요.

상에도 자연스레 그런 영향이 나타났어요.

"전쟁은 만물의 아버지이자 왕이다. 전쟁은 누군가를 신으로 만들기도 하고 사람으로 만들기도 하며, 노비로 만들기도 하고 자유인으로 만들기도 한다."

그의 이 말을 통해 그가 말하는 전쟁은 단순히 현실적 의미의 전쟁이 아니라 더 깊은 철학적 의미를 담고 있음을 알 수 있어요.

헤라클레이토스는 누구보다 지혜를 사랑하는 사람이었어요. 그는 이런 말도 남겼지요.

"지혜를 사랑하는 사람은 많은 사물에 대해 알아야 한다."

"나는 내가 보고 듣고 만지는 모든 것을 사랑한다."

그는 정치에 관심이 없어 어린아이와 어울려 노는 것이 정치 활동을 하는 것보다 의미가 있다고 할 정도였답니다. 페르시아 국왕 다리우스(Darius)는 헤라클레이토스를 존경해 많은 돈을 주며 궁정 관료로 일해 달라고 부탁했지만, 헤라클레이토스는 이렇게 거절했답니다.

"저는 빛나는 것을 두려워하기에 페르시아로 갈 수 없을 것 같습니다. 저는 제 영혼이 가진 사소한 것들에 만족하고 있습니다."

헤라클레이토스는 천성이 외롭고 자만심이 가득 찬 사람이라, 시인 호메로스는 그를 학자의 명단에서 지워야 한다고 말했을 정도랍니다. 또한 그와 한 시대에 활동했던 두 명의 철학자, 고대 그리스의 서사 시인으로 호메로스와 함께 그리스 신화, 그리스 문학에서 중요한 역할을 하는 헤시오도스(Hesiodos)와 그리스의 종교가, 철학자이며 수학자로 만물의 근원을 수(數)로 보았던 피타고라스(Pythagoras, BC 582년경~BC 497년경) 역시 지혜로운 사람이라 말할 수 없다고 했답니다. 헤라클레이토스는 지식을 갖고 있다고 해서 지혜의 단계에 이르는 것은 아니라고 믿었거든요. 그는 지혜를 사랑하는 사람이라면 세상 만물을 움직이는 법칙 즉, 진리에 대해 적극적으로 연구해야 된다고 생각했어요.

물론 헤라클레이토스에게도 친구가 있었어요. 바로 헤르모도로스(Hermodoros)라는 철학자였지요. 사람들에게 미움을 산 헤르모도로스가 도시 밖으로 쫓겨나게 되자 헤라클레이토스는 분노에 차 말했어요.

"에페소스의 성인들은 모두 목매 죽어야 한다. 그들의 도시는 차라리 소년들에게 맡기는 것이 낫다. 헤르모도로스를 쫓아냈으니 그들 가운데 가장 뛰어난 이를 쫓아낸 것이다."

또한 사람들을 비웃으며 이런 말도 남겼지요.

"우리 가운데 뛰어난 사람은 필요 없다. 만약 있다면 다른 곳에서 다른 사람들과 함께 있게 하라."

헤라클레이토스는 '어둠의 철학자' 라고 불렸는데요. 이는 예언을 사용하거나 그와 비슷한 방식으로 글을 쓰는 그의 스타일과 관련이 있어요. 그의 산문(散文)은 제사나 기도를 올리는 식의 문체가 주를 이루었고 《성경(聖經)》과도 비슷했어요. 복잡한 내용이 반복되어 무엇을 뜻하는지 그 요지를 이해하기가 어려웠답니다. 마치 수수께끼처럼 글을 썼는데 이는 진리를 보는 그의 생각과도 관련이 있어요. 그는 진리란 쉽게 찾을 수 없는 존재라고 여겼답니다.

"황금을 찾기 위해 더 많은 흙을 팔수록 손에 쥐는 황금은 적다."

"자연은 자신을 숨기기를 좋아한다."

"만약 생각지도 못한 어떤 것에 대한 기대가 없다면 생각지도 못한 어떤 것은 찾을 수 없다. 진리는 반드시 좌절과 혼란, 고난을 겪은 뒤에

헤라클레이토스는 지혜를 사랑하는 사람이라면 세상 만물을 움직이는 법칙 즉, 진리에 대해 적극적으로 연구해야 된다고 생각했어요.

찾을 수 있다."

헤라클레이토스는 진리를 일목요연한 말로 설명할 수 없다고 믿었어요. 그러니 델포이의 신탁(Delphic oracle)처럼 표현하는 방식을 선택한 것이지요. 델포이의 신탁은 고대 그리스에서 예언의 신인 아폴론의 델포이 신전에 찾아가 신의 말씀을 들은 것을 말하며 신탁은 대개 그 뜻을 정확히 이해하기가 어려웠어요.

"델포이의 신탁은 아무것도 숨기지 않으며 다만 상징으로써 그 뜻을 드러낸다."

헤라클레이토스와 같은 시대에 활동했던 한 시인은 이렇게 말했을 정도예요.

"함부로 헤라클레이토스의 책을 펴지 마라."

한 번이라도 이 세계를 주의 깊게 관찰해 본 적이 있나요? 혹은 이 세계에 대해 열심히 고민해본 적이 있나요? 헤라클레이토스는 누구보다 열심히 세계를 관찰하고 고민한 끝에 책을 쓴 사람이었어요. 아마 헤라클레이토스가 누구인지는 잘 몰라도 이 말은 들어본 적이 있을 거예요.

"사람은 같은 강물에 두 번 들어갈 수 없다."

물은 쉬지 않고 흐르니까 보기에 똑같아 보이는 물이라도 같은 강물이 아니라는 뜻이죠. 그러니 두 번째 들어간 강물은 첫 번째 강물과는 다르다고 할 수 있어요.

흐르는 강물뿐만 아니라 세상의 모든 사물도 끊임없이 변화하고 있답니다. 변화라면 우리도 충분히 느끼는 바가 있지요. 살아있는 만물이 움직이고 심장이 뛰고 피가 흐르고 세포가 신진대사를 일으키는 것처럼 말이지요. 우리는 종종 생명이 살아 움직이고 있다고 말하는데 이는 단순히 몸을 단련하기 위해서가 아니에요. 생명이 쉬지 않고 움직이며 변화를 거듭하고 있다는 뜻이지요. 책상이나 의자와 같은 생명이 없는 것들도 세월이 흐르면 흠집이 나거나 변하게 마련이에요.

헤라클레이토스는 나무와 꽃의 피고 짐, 생명의 생로병사, 달의 차고 기움, 어두운 밤과 밝은 낮의 바뀜, 사계절의 변화 등을 관찰하며 세상 모든 것이 변화한다는 사실을 발견했답니다.

"모든 것은 흘러가며, 한 자리에 머물러 있는 것은 없다."

헤라클레이토스의 눈에 세상은 다음과 같았어요.

"이 세상의 어느 것도 신이나 인간이 창조한 것은 없다. 모든 사물은 과거에도 현재에도 또한 미래에도 영원히 살아 움직이는 불이다. 다만 그중의 일부는 타버리고 일부는 꺼져버리는 것이다."

여기서 말하는 불은 밀레토스 학파가 주장하는 물이나 공기와 같은

올라가는 길과 내려가는 길은 똑같다.

것으로 세계 만물의 기초가 됩니다. 그러나 헤라클레이토스가 말하는 불은 세상의 처음을 시작하는 것은 아니에요. 그에게 세계는 기원(起源)도 없고 시간도 없으며 시작과 끝도 없는 존재예요. 불과 우주가 같다는 것은 단지 상징적인 의미일 뿐 진짜 불을 뜻하는 것은 아니랍니다. 그는 다만 불을 들어 우주에 존재하는 모든 것이 끊임없이 움직이고 있음을 이야기한 것이에요. 이런 불은 일부는 타고 꺼진 뒤 스스로 순환하는 변화의 형태를 띠게 되지요. 즉 불은 공기로 공기는 흙으로 흙은 물로 물은 다시 공기로 공기는 다시 불로 변화하는 것이죠. 이 네 가지 원소는 만물이 생겨나게 해요.

"올라가는 길과 내려가는 길은 똑같다."

헤라클레이토스는 이 말을 통해 순환의 과정 속에서 모든 시작은 끝이며 또한 모든 끝은 시작임을 주장했답니다. 다시 말해 세계는 시작도 끝도 없이 영원하다는 뜻이지요.

헤라클레이토스는 만물이 움직이며 변화하고 있기 때문에 그 가운데 대립면이 존재한다고 믿었어요. 자연계나 사회, 모든 인식의 활동 가운데 이런 예는 쉽게 찾아볼 수 있답니다. 이를테면 밤과 낮, 추위와 더위, 위와 아래, 곡선과 직선, 시작과 끝, 삶과 죽음, 좋은 것과 나쁜 것, 선과 악, 인간과 신, 주인과 노예, 전쟁과 평화 등이 있지요.

자신의 대립면을 떠나 존재할 수 있는 것은 없다.

"자연 역시 대립되는 것을 추구한다. 대립되는 것을 이용해 조화를 이뤄내는 것이다. 같은 것으로는 조화를 이룰 수 없다. 이를테면 암컷과 수컷이 서로 어울리는 것처럼 암컷과 암컷, 수컷과 수컷은 어울릴 수 없다."

만약 대립되는 것이 서로 다투지 않는다면 세계는 존재할 수 없겠지요. 헤라클레이토스는 이렇게 말했어요.

"전쟁은 세계 각처에 존재하며 다툼이 바로 정의(正義)이다. 호메로스가 이 세상에서 전쟁이 사라지길 바라는 것은 옳지 않다. 만약 그의 기도가 이루어진다면 만물은 사라지고 말 것이다."

그는 유럽의 철학사에서 처음으로 다툼 즉 투쟁을 철학의 중요한 범주에 포함시킨 인물이에요. 또한 그는 투쟁이 만물의 생성과 변화의 힘이며 원천이라고 믿었답니다. 어떤 것도 대립면을 떠나서는 존재할 수 없어요. 마치 질병이 있기에 건강의 중요성을 알고, 나쁜 일이 있기에 좋은 일에 기뻐하며, 배가 고파야 배부른 것이 고마움을 아는 것처럼 말이지요. 만약 불의(不義)가 없다면 사람들은 정의란 단어도 모를 것이에요. 또한 헤라클레이토스는 삶과 죽음, 꿈과 깨어남, 젊음과 늙음은 서로 바뀔 수도 있다고 생각했어요. 우주 만물은 영원히 순환하며 변화를 반복하고 있기 때문이지요.

헤라클레이토스는 세계를 설명하며 일부는 불타고 일부는 꺼져야 한다고 말했지요. 여기서 말하는 일부가 바로 '로고스(logos)' 예요. 로고스란 일종의 세상을 재는 척도(尺度) 혹은 오늘날 우리가 말하는 '규율' 을 말해요. 이는 한마디로 다음과 같이 설명할 수 있어요.

"모든 것은 변한다. 변하지 않는 유일한 사실은 변한다는 것이다."

헤라클레이토스는 평생 지혜를 좇아 산 사람이었답니다. 그는 타고난 왕족 신분을 버리고 기꺼이 가난하게 살기를 자처했어요. 그는 도도한 사람이었지만, 많은 사람들에게 존중 받았답니다.

여기서 유일하게 변하지 않는 것이 바로 로고스예요. 그러나 로고스가 변화를 의미하니, 이는 모든 것은 다 변한다는 뜻을 포함하고 있는 것이지요.

오늘날의 일반적인 이론에 비추어 보면 헤라클레이토스의 이런 사상은 높은 수준의 추상적 이론이라고 할 수는 없어요. '우주의 척도' '우주의 유일한 지혜'로 로고스를 주장한 것은 어쩌면 세상의 사물을 잘 관찰한 결과인 동시에 고대 그리스인들이 가졌던 신앙과 관련이 있답니다. 앞의 본문에서 운명은 인간과 신의 힘을 뛰어넘으며 세상의 모든 것을 좌우한다고 했었지요.

운명은 거스를 수 없다는 생각이 당시 고대 그리스인들의 머릿속에는 뿌리 깊게 자리 잡고 있었답니다. 아마 헤라클레이토스의 사상도 자연스럽게 그런 영향을 받았겠지요. 이를테면 운명을 대신한 단어가 로고스인 셈이지요. 종교의 의미를 확장한 것이 우주의 규율이고요. 그는 이런 말도 남겼답니다.

"만물은 운명에 복종하며 운명은 필연적인 것이다."

"운명의 실제는 우주의 실체를 꿰뚫는 로고스다."

후대 사람들이 헤라클레이토스의 사상을 이해하기 어려워하는 것은 오늘날 남아 있는 작품이 적기 때문이기도 해요. 그러나 플라톤(Plato, BC 428년경~BC 348년경, 고대 그리스의 철학자이자 형이상학의 수립자)이나 아리스토텔레스처럼 그와 멀지 않은 시대에 살았던 사람들조차 그의 문장을 잘 납득하지 못한 까닭은 무엇일까요? 예언을 하는 식의 문장이 사람들의 이해를 어렵게 했다는 이유 말고도 문제에 대한 그의 남다른 사고방식도 한 이유였지요.

하지만 오늘날의 입장에서 살펴보면 헤라클레이토스의 사상은 비교적 쉽게 납득이 되며 이후의 다른 고대 그리스 철학자들의 사상보다 훨씬 간단함을 알 수 있어요. "만물은 변한다."는 그의 학설은 우리의 생활과 주변 사람들 혹은 사물을 직접 관찰하고 그 사이의 대립과 조화를 찾아낸 결과이기 때문이죠. 세계를 주의 깊게 관찰해본 사람이라면 이 사실을 쉽게 느낄 수 있을 것이에요. 남아 있는 그의 작품 속 문장들을 보면 그의 말은 살아 움직이며 넘치는 생명력을 갖고 있어요.

헤라클레이토스는 평생 지혜를 좇아 산 사람이었답니다. 그는 타고난 왕족 신분을 버리고 기꺼이 가난하게 살기를 자처했어요. 또한 그는 도도한 사람이었지만 많은 사람들의 존경과 사랑을 받았답니다. 결국 헤라클레이토스는 60세에 죽음의 신을 따라 세상을 떠났어요.

세 번째 이야기

원자의 운동

이오니아의 철학자들이 감각적 물질이 우주에 속한다고 주장할 당시 고대 그리스에서는 원자론(原子論)이라는 새로운 철학적 관점이 나타났어요. 그들은 이오니아 철학의 유물론적(唯物論, materialism. 물질을 제1차적 · 근본적인 실재로 생각하고 마음이나 정신을 부차적 · 파생적인 것으로 보는 철학설) 경향을 따르되 구체적인 물질이 아닌 원자가 세계를 구성한다고 주장했답니다. 데모크리토스(Demokritos, BC 460년경~BC 370년경, 고대 그리스 자연철학자)가 처음 제기한 원자론은 엠페도클레스(Empedocles, BC 495년경~BC 435년경)와 아낙사고라스(Anaxagoras, BC 500년경~BC 428년경)의 철학사상의 전제조건이 되었답니다. 우선 엠페도클레스와 아낙사고라스 두 사람이 세계를 어떻게 설명하고 있는지 살펴봅시다.

엠페도클레스의 4원소설

엠페도클레스는 불과 공기, 흙, 물을 세계의 근원이 되는 4원소로 꼽았어요. 그는 이 4원소 속에서 과거와 현재, 미래의 모든 것이 태어나며 나무와 사람, 날짐승과 들짐승, 물고기와 죽지 않는 신까지도 태어난다고 주장했어요. 그러나 구체적인 사물 사이에는 차이가 있는데 사물을 구성하는 4원소의 비율이 다르기 때문이에요. 이를테면 근육은 4가지 원소의 비율이 같으며, 뼈는 물이 2, 흙이 2, 불이 4의 비율로 구성된다는 것이지요.

이런 학설을 듣다보면 실제로 가능한지 한 번 실험을 해보고 싶어집니다. 엠페도클레스의 말대로라면 4원소를 비율대로 섞어 사람도 만들 수 있지 않겠어요? 그러나 이 학설이 아주 터무니없는 이야기는 아닙니다. 사람이 죽은 뒤를 생각해보세요. 숨도 없고 온기도 없지요. 게다가 특별한 처리 없이 땅속에 묻는다면 세월이 흘러 시체는 저절로 분해되고 사라져버립니다. 아무것도 없게 되는 것이죠. 어찌 보면 엠페도클레스의 관점과 비슷하지 않나요?

엠페도클레스의 주장에 따르면 불과 공기, 물, 흙은 모두 독립적인 존재이며 어떤 것이 다른 것을 만들어낼 수 있거나 다른 것으로 변할 수 있는 것도 아니에요. 그러나 이 4원소는 결합할 수도 분리될 수도 있지요. 이 이론에는 삶과 죽음의 문제가 존재하지 않아요. 모든 탄생은 몇몇 원소들의 결합에 의한 것이며 모든 죽음 또한 몇몇 원소들이 분리되는 것에 불과하기 때문이지요.

사랑과 미움은 인류에게 가장 친숙한 감정이에요. 그러나 엠페도클레스에게 사랑과 미움은 특별한 힘을 가진 존재였어요. '사랑'은 결합과 조화, 일치의 힘이며 '미움'은 분리와 불화, 투쟁, 충돌의 힘이라고 생각했기 때문이지요. 그리고 바로 이 두 가지 힘에 따라 물과 불, 공기와 흙이 결합하고 분리하며 세상만물이 생성되고 소멸된다고 믿었답니다.

'사랑'은 4원소의 결합에 의해 만들어진 물질이고 '미움'은 분리에 의해 만들어진 물질이에요. 간단한 예를 들어 엠페도클레스의 이론을 증명해볼 수 있어요. 결혼을 예로 들어볼까요? 아무 관계도 없던 남녀가 사랑이라는 이름으로 만나 하나의 가정으로 결합하지요. 그러나 실제 생활이 시작되고 나면 서로 잘 안 맞는다고 생각하며 사소한 일을 가지고 다투기도 해요. 그러면 원래 갖고 있던 감정은 상처를 받게 되고 두 사람 사이에는 미움이 생겨나 이혼을 하게 되기도 하죠. 다시 말해 서로에게서 벗어나는 것이에요.

결혼의 예만 보더라도 사랑으로 만물이 결합하고 미움으로 만물이 분리된다는 엠페도클레스의 말이 그럴듯하지 않나요? 여기에서 결혼은 보편적인 의미를 갖지 않아요. 엠페도클레스가 찾은 세계의 근원은 단순히 4원소에 그치지 않고 '사랑'과 '미움'이란 2가지 힘도 포함되는 것을 알 수 있지요.

엠페도클레스는 대략 BC 495년에서 BC 435년 사이에 살았으며 헤라클레이토스와 마찬가지로 60살까지 살았어요. 그러나 엠페도클레스는 헤라클레이토스와는 판이하게 다른 인물로 다양한 신분을 갖고 있었지요. 현대의 유명한 영국 철학자 버트런드 러셀(Bertrand Arthur

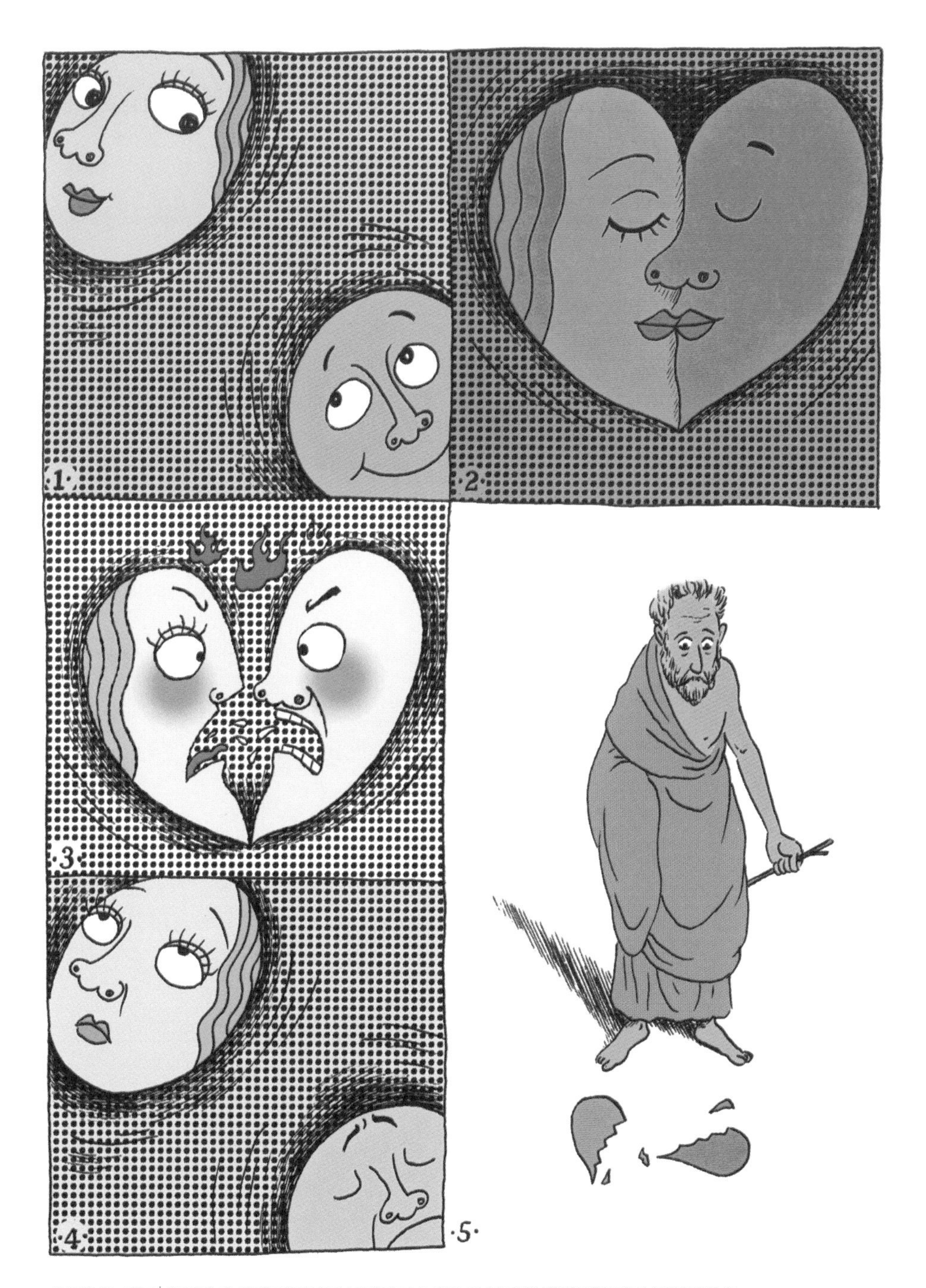

'사랑' 은 4원소의 결합에 의해 만들어진 물질이고 '미움' 은 분리에 의해 만들어진 물질이에요.

William Russell, 1872~1970, 영국의 논리학자 · 철학자 · 수학자 · 사회사상가, 논리학자로서 19세기 전반에 비롯된 기호논리학의 전사(前史)를 집대성하였으며, 철학자로서는 그 경력이 길고 다룬 주제가 다양할 뿐 아니라 입장도 다양한 변천을 하였어요)은 이렇게 말했어요. "철학자, 예언자, 과학자, 모든 학문에 능통한 사람의 혼합체, 엠페도클레스는 모든 조건을 갖추고 있었다."

시칠리아 섬의 남서부에 있던 고대 그리스의 아크라가스는 산과 물이 접해 있는 아름다운 도시였어요. 바다에 접한 낭떠러지 위에는 6개의 웅장한 오르페우스 신전이 자리 잡고 있었고 엠페도클레스는 이곳의 명문가정에서 태어났어요. 그의 아버지는 71회 고대 올림픽 경마경기의 우승자로 당시에 이는 많은 사람들에게 선망의 대상이었답니다. 또한 그의 아버지는 아크라가스에 민주 정권을 세우는 것을 지지해 도시 사람들의 존경을 한 몸에 받았지요.

그의 아버지가 돌아가신 뒤 귀족들이 다시 복귀하려 했지만 엠페도클레스의 도움으로 민주파는 승리를 거둘 수 있었죠. 사람들은 그를 국왕으로 추대하려 했지만 그는 끝내 거절했답니다. 소박한 생활을 하고 싶었기 때문이지요. 그러나 엠페도클레스는 헤라클레이토스처럼 사람들을 떠나 홀로 살지 않았으며 정치를 싫어하지도 않았어요.

엠페도클레스는 당시의 다른 철학자들처럼 자연과학 분야에 대한 풍부한 지식을 가진 사람이었으며 일대에서 가장 유명한 의사이기도 했어요. 심지어 그는 시칠리아 의학파를 창시하기도 했답니다. 또한 그는 오르페우스교의 신도로 사람들에게 평생 신비로운 분위기를 풍겼지요. 그는 종종 사람들 몸속의 악귀를 쫓아내거나 비를 부를 수 있다고 주장하며 사람들의 존경을 받았답니다.

그렇지만 엠페도클레스는 그의 일생을 통해 학자로서의 삶을 살았어요. 그는 모두 5천행(行)에 이르는 《자연에 대하여》와 《정화(淨化)》라는 두 편의 시를 남겼지만 안타깝게도 오늘날 우리가 볼 수 있는 분량은 450행에 불과하답니다.

아낙사고라스의 종자설

'그리스' 하면 가장 먼저 떠오르는 도시는 어딜까요? 당연히 아테네일 거예요. 바로 소크라테스와 플라톤, 아리스토텔레스를 배출한 고대 도시이지요.

고대 그리스의 철학자로 엘레아학파의 한 사람이었던 파르메니데스(Parmenides, BC 510년경~BC 450년경)나 변증법의 창시자인 제논(Zenon, BC 495년경~BC 430년경)도 아테네를 방문한 적이 있지만 머물렀던 시간이나 아테네에 끼친 영향은 미미해요. 이에 비해 이오니아 출신의 아낙사고라스는 아테네에 온 뒤 30여년을 머물며 아테네인들에게 철학을 소개했으며 아테네에서 가장 중요한 철학자 가운데 하나인 아르켈라오스(Archelaos)를 키워내기도 했어요. 어찌 보면 아낙사고라스가 아테네에 철학을 이식했다고 말해도 과언은 아니랍니다.

아낙사고라스는 엠페도클레스처럼 신비주의를 지향하지 않고, 성실한 생활을 했어요. 그 역시 귀족 집안 출신이었지만, 지위나 재물에 연연하지 않고 진리를 구하는 것을 삶의 목표로 삼았답니다. 끊임없이 진리를 추구하는 것은 아마도 철학자들의 고질병인가 봐요. 아낙사고라스는 20세에 철학에 입문해 죽을 때까지 자신이 추구하는 바를 놓지 않았어요. 자연의 영원한 질서에 대해 사색하는 것만큼 그에게 행복한 일은 없었기 때문이지요.

아낙사고라스는 최선을 다해 과학과 철학을 연구했으며 세계의 비밀을 밝히고자 했어요. 그는 아주 독특하고 정교한 실험을 하기도 했지요. 두 개의 용기를 준비해서 한쪽에는 하얀 액체를, 또 다른 한쪽에는 검은 액체를 채운 뒤 한 액체를 다른 액체 쪽으로 한 방울 한 방울씩 떨어뜨렸답니다. 액체의 색깔은 조금씩 바뀌더니 결국에는 완전히 바뀌어버렸죠. 이 실험을 통해 아낙사고라스는 큰 것은 작은 것이 모여 생기며 눈에 보이는 것은 눈에 보이지 않는 것에서 생겨난다는 결론을 내렸어요. 그리고 사물의 성질을 구성하는 아주 작은 알갱이를 '종자(種子, spermata)'라고 불렀지요. 그는 종자의 수(數)와 종류는 무한대로 세상에 있는 사물만큼 종자가 있다고 주장했답니다. 이 세상의 사물은 모두 서로 다른 종자로 구성된 것이지요.

"콩 심은데 콩 나고 팥 심은데 팥 난다." 이 속담을 모르는 사람은 아무도 없겠지요? 어떤 콩을 심든 팥이 나올 수는 없는 법이에요. 그렇다면 우리가 빵을 먹었는데 살이 찌고 뼈가 단단해지고 머리가 자라는 이유는 무엇 때문일까요? 빵과 살, 뼈, 머리카락은 한눈에 보기에도 큰 차이가 있는데 말이죠. 아낙사고라스는 그 이유를 이렇게 설명해요. 빵은 본래 종자가 아니라는 것이지요. 종자는 우리 눈에 보이지 않을 정도로 매우 작은데, 빵을 먹고 살이 찌고 뼈가 단단해지고 머리카락이 자라는 것은 빵 속에 있는 종자 때문이에요.

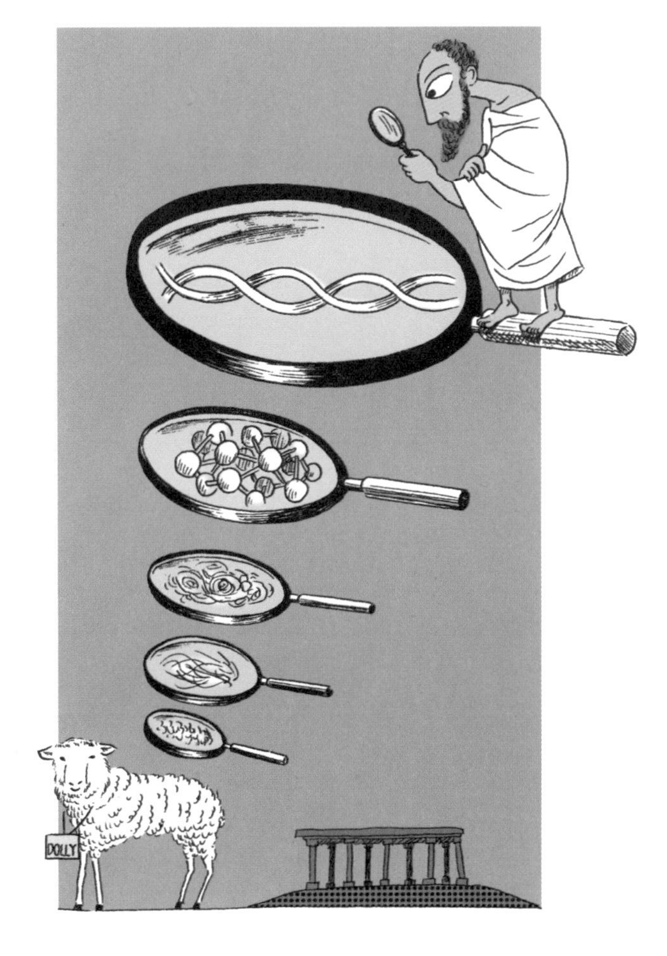

사실 아낙사고라스와 엠페도클레스의 철학적 관점은 상당히 비슷한 면이 있어요. 아낙사고라스 역시 사물의 생성과 소멸을 인정하지 않았고 다만 종자의 결합과 분리가 있다고 주장했답니다. 게다가 그는 종자가 결합하고 분리하는 원인을 정신(Nous)에서 찾았어요. 물론 아낙사고라스가 말하는 정신은 우리가 현재 알고 있는 정신과는 다른 뜻이에요. 그가 말하는 정신 즉, 누스는 사물의 밖에 존재하는 것으로 엄청난 힘을 갖고 있으며 세계의 모든 것을 지배해요.

아낙사고라스는 우주가 형성되기 전에는 종자가 뒤죽박죽 뒤섞인 상태로 있었으며 어떤 변화나 움직임도 없었다고 생각했어요. 그러나

누스가 충격을 가하자 원시적인 회전운동이 나타났고 뒤섞여 있던 종자는 빠른 속도로 결합하거나 분리하여 수많은 사물로 변하게 된 것이지요.

아낙사고라스가 아테네에 머물 때 당시의 유명한 정치가인 페리클레스(Pericles, BC 495년경~BC 429, 고대 아테네의 정치가이자 군인으로 민주정치의 기초를 마련했고 아테네의 전성기를 가져왔다)의 총애를 받았어요. 그러나 BC 450년 페리클레스의 정적(政敵)이 아낙사고라스를 고발해 감옥에 가둬버렸답니다. 태양은 아주 크고 뜨거운 돌에 불과하다는 그의 말이 신을 부정하는 불경죄가 되었지요. 나중에 감옥에서 나온 아낙사고라스는 아테네를 떠나 람프사코스(소아시아 헬레스폰토스 연안에 있던 고대 그리스의 식민도시)로 내려가 학교를 세우고 말년을 보냈답니다.

BC 428년 아낙사고라스가 세상을 떠나자 그곳 사람들은 '정신'과 '진리'란 두 단어가 새겨진 비석을 세워주었어요. 그리고 바로 같은 해에 플라톤이 태어났지요. 한번은 어떤 사람이 아낙사고라스에게 물었답니다. "태어나는 것이 왜 태어나지 않는 것보다 좋습니까?" 아낙사고라스는 이렇게 대답했지요. "하늘과 우주를 연구하려면 반드시 태어남을 선택해야겠지요."

데모크리토스의 원자—진공론

물리학에 대해 조금이라도 알고 있는 사람이라면 물질이 분자로 구성되어 있으며, 분자는 원자로 구성되어 있다는 사실을 잘 알고 있을 거예요. 작디작은 먼지도 커다란 별도 모두 원자로 구성되어 있는 것이지요. 이는 인류가 19세기에 들어서야 얻게 된 과학이론이에요.

모든 과학은 가설과 추측에서 시작돼요. 고대 그리스 때부터 철학자들은 '세계의 만물은 무엇으로 구성되어 있는가?' 라는 문제를 풀기 위해 다양한 추측을 내놓았지요. 어떤 이는 공기라 했고, 또 어떤 이는 불과 흙, 물과 공기라고 했어요. 놀랍게도 밀레토스학파의 레우키포스(Leukippos)가 BC 5세기경에 이미 오늘날과 비슷한 학설을 주장했답니다. 그는 세계가 원자와 진공으로 구성된다고 말했지요. 훗날 그의 제자였으며 고대 그리스 역사상 가장 위대한 유물주의 철학자였던 데모크리토스가 그의 학설을 계승하고 발전시켰답니다. 고대 그리스에서 말하는 원자(原子) 즉, 진공론(眞空論)에 대해 제대로 알게 된다면 과학과 추측의 거리가 얼마나 가까운지 깨닫게 될 거예요.

세계의 근원에 대한 레우키포스의 학설은 데모크리토스의 학설에 모두 포함되어 있어요. 따라서 여기에서는 그 두 사람의 공통적인 관점만 소개하려고 해요. 그들 말대로 세계가 원자와 진공으로 되어 있다면 대체 원자와 진공은 무엇일까요? 이 문제에 대해 대답하기 전에 현대 과학이론에서 말하는 원자의 범위는 어디까지인지 먼저 살펴봅시다.

1894년 옥스퍼드 대학의 명예총장이자 영국의 전 수상이었던 솔즈베리(Salisbury, 1830~1903. 영국의 정치가로 보수당 당수로 세 번 수상을 지내고 국제 관계의 평화적 조정에 노력하였다)는 이런 강연을 한 적이 있어요.

"각각의 원소를 구성하는 원자는 대체 무엇일까요? 일종의 운동일까요? 아니면 하나의 소용돌이일까요? 어쩌면 관성을 가진 점일 수도 있고요. 원자의 분리될 수 있는 성질은 한계가 있을 수도 없을 수도 있지요."

원자에 대해 처음 연구를 시작했을 때만 해도 과학자들은 원자가 어떤 모양인지 몰랐답니다. 그리고 약 반세기에 걸쳐 노력을 기울인 끝에 원자의 진면목을 이해하게 되었지요.

물론 원자는 아주 작아요. 과학자들의 말에 따르면 얇은 핀의 끄트머리에도 1억 개가 넘는 원자가 있다고 해요. 세상에서 가장 큰 원자 1억 개를 직선으로 쭉 늘어놓는다고 해도 그 길이는 4밀리미터에 불과하고요. 작은 먼지 한 톨에도 수십억 개의 원자가 있다고 해요.

원자에서 가장 중요한 것은 양(+)전기를 갖고 있는 원자핵이에요. 원자핵은 매우 무거워서 원자 질량의 99% 이상을 차지하지요. 하지만 부피가 매우 작기 때문에 원자 부피의 1만분의 1밖에 되지 않아요. 만약 원자를 24층 높이의 빌딩이라고 한다면 원자핵은 콩 한 알에 불과할 만큼 아주 작답니다. 이를 통해 알 수 있듯이 원자 안에는 넓은 빈 공간이 있어요. 그리고 음(-)전기를 가진 전자가 시커먼 공간 속에서 원자핵을 감싸고 쉴 새 없이 회전을 하지요. 이것이 바로 현대과학으로 증명이 된 세계를 구성하는 가장 기본적인 원소랍니다.

솔즈베리가 고민했던 문제에 대해 데모크리토스와 레우키포스는 아주 분명한 해답을 제시했답니다. 원래 '원자'란 단어는 고대 그리스어에서 나눌 수 없다는 뜻을 가지고 있어요. 데모크리토스는 바로 이 원자를 세계의 근원으로 생각했고, 이로써 원자란 나뉠 수 없는 성질이 있다는 의미가 되지요. 모든 원자는 절대적으로 충만한 상태이며, 다른 것이 들어올 틈이 있을 수도 없어요. 원자의 성질은 모두 똑같지만 수량은 무한대로 위치나 순서, 형태에 따라 조금씩 차이가 있답니다.

원자는 매우 작아서 우리 눈으로 볼 수 없고 언제나 운동하고 있어요.

그러나 만약 데모크리토스의 말대로 원자 안에 공간이 없다면 어떻게 운동이 일어날 수 있을까요? 아무런 틈조차 없다면 운동은 일어나기 어려울 텐데 말이지요. 그러나 원자는 분명히 움직이고 있다고 하지 않았나요? 원자 안에 운동할 공간이 없다면 결국 원자 밖에 운동할 공간을 줄 수밖에 없겠죠. 바로 이 공간을 '진공'이라고 하고, 원자와는 반대의 의미를 지니지요. 원자가 가득 찬 것이라면 진공은 비어 있는 상태를 말해요. 원자는 형태가 있지만 진공은 형태가 없답니다. 이 진공이 원자가 운동을 할 수 있도록 해주는 것이지요. 그래서 데모크리토스는 진공은 비어 있는 것이지만 또한 실제로 존재하며 원자와 분리되어서는 존재할 수 없다고 생각했어요.

원자는 진공 속에서 회전운동을 하는데 같은 종류의 원자는 함께 결합하고 다른 종류의 원자는 분리되어 가볍고도 무거운 결합체가 서서히 나타나게 됩니다. 무거운 것은 내려가 중앙에 집중되고 가벼운 것은 회전하며 바깥쪽 띠를 이루게 되는 거죠. 원자는 쉬지 않고 운동하며 바로 그 사이에 물과 불, 흙과, 공기 등이 생겨나며 다시 이런 원소들이 모여 다양한 물체를 이루게 되는 것이에요. 원자가 진공 속에서 쉬지 않고 회전운동을 한다는 데모크리토스의 추측은 전자가 원자 안에서 원자핵 주위를 쉬지 않고 회전한다는 현대과학 이론과 매우 비슷해요.

'원자-진공론'은 추측에 불과하지만 우주에 관한 통찰력만큼은 이미 깊이 있는 수준이었지요. 이는 데모크리토스가 지닌 해박한 지식과 관련이 있답니다. 마르크스와 엥겔스는 데모크리토스를 '경험에 의한 자연 과학자이자 그리스인 가운데 첫 번째 백과사전식의 학자'라고 칭

데모크리토스 – 진공은 비어 있는 것이지만 또한 실제로 존재하며 원자와 분리되어서는 존재할 수 없다.

했어요. 참고로 그리스에서 또 다른 백과사전식 철학자로 불리는 사람은 아리스토텔레스예요. 그는 이렇게 데모크리토스를 찬양했답니다. "데모크리토스는 고대 철학자 가운데 유일하게 모든 사물에 대해 연구한 사람이며 그의 사상은 보통 사람의 수준을 훨씬 뛰어넘는다."

데모크리토스는 그리스 북부 트라키아의 압데라에서 태어났어요.

그의 아버지는 매우 부유하고 지위가 높은 사람이었지요. 그는 그리스와 페르시아의 전쟁 중에 압데라를 지나가게 된 페르시아 왕을 환대했고, 이에 감격한 페르시아 왕이 감사의 뜻으로 뛰어난 학자들과 점성술사 몇 명을 압데라에 남겨두고 갔답니다. 훗날 이 동방의 학자들이 데모크리토스의 스승이 되어 그에게 신학과 천문학을 가르쳤지요. 데모크리토스는 신의 존재에 대해서는 부정하지 않았지만 신과 자연, 사물 모두 똑같이 죽을 수밖에 없다고 믿었어요.

공부를 좋아했던 데모크리토스는 스승들에게서 다양한 지식을 배웠답니다. 그리고 여러 스승 가운데 한 명이 바로 레우키포스였지요. 데모크리토스에게 그는 세계 사물에 대한 해설로 깊은 인상을 남겼고 훗날 '원자-진공론'을 확립하는 데 기초가 되었답니다.

그러나 데모크리토스는 철이 들면서부터 스승과 책 속의 지식에 더 이상 만족할 수 없었어요. 결국 그는 자신의 모든 재산을 팔아 배움을 얻기 위한 여행길에 나섰답니다. 에티오피아, 바빌론, 페르시아, 인도 등 세계 곳곳을 다니며 해박한 지식과 풍부한 경험을 쌓아 고향으로 돌아왔지요. 그 당시 그는 매우 가난했고 고향의 법률에 따르면 생산적인 활동을 하지 않고 유산으로 사는 사람은 국경 밖으로 쫓겨나 죽어서도 고향에 묻힐 수 없었답니다.

그러나 데모크리토스가 들려준 그의 저서 《대우주의 질서》에 감탄한 마을 사람들은 오히려 경제적으로 지원해주는 것은 물론 마을에 그의 동상까지 세워주었답니다. 그는 설득력 있고 깊이 있는 문장과 뛰어난 말솜씨로 사람들의 사랑을 받았지요. 또한 그는 평생 70여 편의 많은 책을 썼지만, 안타깝게도 오늘날 남아 있는 책이 거의 없답니다. 우리가 볼 수 있는 것은 몇 편의 문장과 고대 철학자들이 그에 대한 연구를 통해 남긴 인용문 정도예요. 물론 이렇게 대단한 대접을 받은 철학자가 데모크리토스 하나만 있는 것은 아니고, 앞서 언급했던 철학자들도 같은 대우를 받았지요. 데모크리토스는 철학자 가운데 비교적 오래 살아 90세에 세상을 떠났답니다.

그리고 데모크리토스가 죽은 지 대략 30년 뒤인 BC 341년, 고대 그리스의 사모스 섬에서 그리스 역사상 가장 위대한 쾌락주의 철학자인 에피쿠로스(Epicouros, BC 342년경~BC 270)가 태어났답니다.

나에게 알려주시오!
신은 어디서 나타나며 땅은 어디서 생겨나는가?
드넓은 바다와 반짝이는 별들,
또한 하늘의 선악을 좌우하는 신령,
그들은 어떻게 태어나며
태어날 때의 모습은 어떠한가?
나에게 가르쳐주시오! 나의 시신(詩神)이여!

시(詩)의 신이 이렇게 대답합니다.
그들은 모두 혼돈 가운데 태어났노라.

헤시오도스의 《테오고니아(신통기神統記)》 가운데 이 부분을 읽은 에피쿠로스는 깊은 사색에 빠졌답니다. 그렇다면 혼돈은 어디에서 오는 것일까? 많은 사람들에게 물었지만 해답을 아는 사람은 아무도 없었죠. 에피쿠로스는 철학에 투신하기로 마음먹었고, 그때 그의 나이는 불과 14세였답니다.

그는 세계의 기원에 대한 데모크리토스의 철학을 조금 손질했을 뿐 거의 그대로 받아들였어요. 예를 들어 에피쿠로스는 원자는 크기를 구분할 필요가 없으며 다만 무게의 차이가 있다고 보았으며 원자의 운동 속에서 경사운동이 일어난다고 생각했지요. 사실 에피쿠로스는 세계의 근원에 대한 연구에 있어서 독특한 견해를 갖고 있지 않답니다. 고대 그리스 말기, 특히 아리스토텔레스 이후에는 철학의 연구관점이 논리의 문제로 옮겨왔기 때문이지요.

에피쿠로스는 사람이라면 살아있는 동안 쾌락을 추구해야 한다고 주장하며 인간의 행복을 옭아매는 신에 대한 공포를 버리고 물질적인 쾌락과 정신적 쾌락을 즐겨야 한다고 말했어요. 그는 신의 존재는 인정하지만 신은 사람들의 생활에 간섭하지 않으며 신을 두려워하거나 잘 보이려 할 필요가 없다고 믿었답니다. 마찬가지로 우리는 죽음 또한 두려워할 필요가 없어요. 죽음은 그저 모여 있던 영혼의 원자가 흩어지고 감각이 사라지는 것에 불과하니까요. 사람이 살아있을 때 죽음은 아직 오지 않은 것이고, 죽음이 왔을 때 우리는 이미 존재하지 않는 것이에요. 평생 자신의 생각대로 살았던 에피쿠로스는 BC 270년 평온하게 눈을 감았답니다.

루크레티우스의 원자론

BC 2세기경 로마는 그리스를 정복하고 유럽과 서아시아, 아프리카의 맹주로 군림했던 마케도니아를 밀어냈어요. 고대 로마시대에는 유심

에피쿠로스는 그저 모여 있던 영혼의 원자가 흩어지고 감각이 사라지는 것이 죽음이라고 생각했어요.

론(唯心論)과 숙명론, 종교 신앙 등이 정치의 큰 비중을 차지했고 신학과 철학을 일치시킨 가톨릭이 생활의 일부가 되었답니다. 고대 로마는 고대 그리스의 철학을 계승하되 세계관으로는 유물주의(唯物主義)와 유심주의(唯心主義)가 대립했지요.

유심론은 만물의 궁극적인 존재를 비물질적인 정신으로 생각하고, 그에 의하여 물질적 · 비생명적인 것은 일원적(一元的)으로 해명할 수 있다는 철학적 입장이고, 유물주의는 물질을 1차적이며 근본적인 실재로 생각하고, 마음이나 정신을 부차적 · 파생적인 것으로 보는 철학적 입장이에요.

루크레티우스(Titus Lucretius Carus, BC 94년경~BC 55년경)는 에피쿠로스를 계승해 원자론에 대한 연구를 발전시킨 유물주의 철학자였어요. 루크레티우스의 생애에 대해서는 알려진 바가 거의 없지만, 유일한 저서인 《만물의 본성에 대하여(De rerum natura)》를 통해 그의 사상을 가늠할 수 있답니다. 그는 원자론을 계승했고 세계에는 두 가지 물체가 존재한다고 강조했어요. 하나는 만물의 근원이 되는 원자이고 다른 하나는 원자가 합쳐진 것이지요. 이 두 물체의 관계는 마치 26개의 영어 알파벳과 알파벳으로 구성된 단어와 마찬가지예요. 진공은 원자가 운동할 수 있는 공간에 불과하며 또한 견고한 것이 분리되게 하는 원인이 됩니다. 부피가 같은 것이 무게는 다른 원인이기도 하지요.

루크레티우스는 원자-진공론을 통해 과감히 신의 힘을 부정했답니다. 자연은 원래부터 이런 모습이며 스스로 운행의 규칙을 가지고 있다는 것이지요. 어떤 신도 자연에 간섭할 수 없으며 세상 만물은 신이 창조한 것이 아니라고 주장했어요. 모든 만물이 명백한 약점을 가진 걸

보면 알 수 있기 때문이지요.

루크레티우스가 어떤 사람이었는지는 중요하지 않아요. 그의 철학에 공감을 하든 못하든 그를 꼭 기억해두세요. 그가 세상을 떠난 뒤로 자그마치 천 년 동안 철학은 신학과 함께 하게 되었으니까요. 이후의 철학자들은 신이 세상을 창조했다고 확신했기에 세계의 기원에 대해 연구하기보다는 신이 존재한다는 사실을 증명하는 일에 노력을 기울였답니다.

네 번째 이야기

자연의 법칙

우리가 유물주의적인 색채가 짙은 철학자와 다시 만나게 된 것은 천 년이나 지난 뒤예요. 그 사이 교회와 왕권의 다툼은 계속되었고 교회가 좀 더 우위를 차지했답니다. 그러나 13, 14세기가 되어 영국의 공업이 빠르게 발전하면서 시민의 힘이 강해졌고 교회의 통치권은 시민들이 힘을 모아 되찾아 왔지요. 게다가 교회 안에서 각종 이단이 일어나고 경제, 정치의 진보로 과학문화가 발전하게 되었답니다. 그 영향으로 교회의 절대적인 통치력도 흔들리게 되었지요.

11, 12세기에는 기독교 신앙을 체계적으로 정리하고 이를 이성적인 사유를 통하여 논증하고 이해하려 했던 스콜라철학의 흐름 안에서 유명론(唯名論)과 실재론의 다툼이 벌어지기도 했어요. 유명론이란 보편자(普遍者)의 실재를 부정하는 철학상의 입장을 말해요. 보편자는 단지 명사(名辭)에 지나지 않는다는 것이지요. 유명론은 줄곧 이단으로 여겨

졌기 때문에 교회의 억압을 받았답니다.

그러나 13, 14세기가 되자 영국에서는 새로운 유명론이 붐을 이루기 시작했어요. 이는 중세기의 스콜라철학이 이미 와해되고 있음을 의미해요. 사람들은 앞서 소개한 철학자들처럼 세계의 근원을 물질에서 찾지는 않았지만, 어느 정도 신학의 영향에서 벗어나게 되었답니다. 그들은 여전히 신이 세상을 창조했다고 믿었지만, 그들의 철학에도 새로운 정신이 스며들었어요. 그들은 교회를 맹렬히 비난하고 유물주의와 경험주의 쪽으로 생각이 기울어졌지요. 그들에게는 여전히 유심론적 경향이 있었지만, 유물주의 세계관으로 많이 옮겨가고 있었어요.

유명론의 대표적인 인물로는 로저 베이컨(Roger Bacon)과 덩컨 스코트(Duncan Scott), 윌리엄 오컴(William of Ockham) 등이 있답니다. 그들은 세계에 존재하는 모든 사물을 각각의 독립된 개체로 여겼어요. 이를테면 김씨, 이씨, 박씨 하는 것처럼 말이죠. 다만 그들을 통틀어 사람이라고 부르는 것이지요. 또한 세계에 존재하는 것들은 본래 이름이 없었답니다. 인류가 생겨나기 오래 전부터 우주는 존재했고 인간이 생긴 뒤로 의사소통을 하기 위해 이름을 붙이기 시작한 것이죠. 예를 들어 '이 동물은 고양이라고 하자, 저 동물은 개라고 하자, 또 저 식물은 꽃이라고 하자, 그 식물은 풀이라고 하자.' 이런 식으로요. 결국 사람들이 사물에 이름을 붙여주면서 종류가 나뉘게 되었고 고정된 성질이 정해진 것이지요.

김씨, 이씨 등 각각의 개성을 가진 사람들에게 '사람'은 보편적인 의미를 가진 명칭인 셈이지요. 그러나 이렇게 구별을 하자 문제가 발생했어요. 과연 개별적인 사물이 중요한 것일까, 아니면 일반적인 것이 중요한 것일까? 개별적인 것과 일반적인 것 가운데 어느 것이 더 진실한 의미를 갖고 있을까? 이것이야말로 유명론과 실재론이 논쟁을 벌이는 중요한 문제였답니다.

로저 베이컨은 과학적 실험을 중시하는 사람으로 그의 눈에는 과학의 대상은 개별적인 사물이지 일반적이고 추상적인 것이 아니었어요. 세계는 매우 다양하고 구체적인 사물로 구성되어 있다는 것이죠. 한 그루의 나무가 존재하는 것은 그 나무에게 이름을 주었거나 종류를 나누었기 때문이 아니지 않나요? 그 나무 스스로 존재하고 변화하는 것이지요. 또한 같은 나무에 다른 이름을 붙인다고 해서 더 왕성하게 자란다거나 빨리 시드는 것도 아니지요.

일반적인 것은 개별적인 사물에서 추출하고 포괄적인 의미를 부여한 것으로 보편적이긴 하지만 개별적인 사물처럼 쉽게 손상되거나 사라지지 않지요. 그러나 일반적인 것은 개별적인 것보다 덜 진실하기는 하지요. 보편적인 의미를 가진 '인간'이 중요할까요, 아니면 살아있는 사람 그 누군가가 중요할까요? 유명론은 개별적인 사람을 선택했어요. 개별적인 것이 일반적인 것보다 훨씬 중요하다고 생각한 것이지요. 그리고 이것이 바로 유명론의 주된 관점이에요. 이와는 상반된 선택을 한 것이 실재론의 기본적인 관점이랍니다.

로저 베이컨은 1214년 영국의 부유한 가정에서 태어났어요. 처음에는 옥스퍼드 대학에서 공부했지만 점차 비과학적인 교수의 가르침을

세상에는 각각의 독립적 사물이 존재해요.
이를테면 김씨, 이씨, 박씨 하는 것처럼 말이죠.
다만 그들을 통틀어 사람이라고 부르는 것이에요.

인정할 수 없었답니다. 그가 생각하는 지식은 모두 경험과 실험을 통해 얻는 것인데, 무슨 뜻인지도 파악할 수 없는 묘한 선문답만 듣고 있자니 답답한 노릇이었던 거지요. 결국 베이컨은 당시의 선진화된 과학을 배우기 위해 파리로 갔어요. 그러나 그곳에서도 계속되는 스콜라철학의 지루한 논쟁을 견딜 수가 없었죠. 결국 그는 옥스퍼드 대학으로 돌아와 과학실험에 몰두하기 시작했어요.

베이컨은 자신의 과학실험을 통해 사람들을 행복하게 해줄 수 있는 과학 원리를 찾길 원했어요. 그는 교회의 억압에 시달리고 있는 사람들에게 인간이 자연을 위해 존재하는 것이 아니라 자연이 인간을 위해 존재한다는 사실을 증명하고 싶었지요. 그래서 베이컨은 자신이 가진 재산 대부분을 팔아 과학실험에 매달렸답니다. 그는 화약을 만드는 방법을 발견했고 안경과 망원경, 현미경의 구조도 연구했어요. 또한 그는 수많은 예언과 가설을 내놓았고 대서양을 건너면 아시아에 도달할 수 있다고 주장했답니다. 2백여 년 뒤 그의 가설은 마젤란(Ferdinand Magellan, 1480~1521, 포르투갈 태생의 에스파냐 항해가로 인류 최초의 지구일주 항해의 지휘자)에 의해 사실로 증명되었지요. 또한 베이컨은 비행기와 자동으로 가는 배를 만들고자 하는 꿈을 꾸었는데 이 역시 훗날 실현되었고요.

옥스퍼드에서 실험에만 매달리는 베이컨을 싫어한 사람들은 그를 마법사라고 비웃었답니다. 결국 그는 1257년, 파면을 당하고 파리의 수도원에 갇혀 외부와의 접촉 없이 10년의 세월을 보내게 됩니다. 그에게는 글을 쓰는 것도 금지되었지만, 베이컨은 이에 굴하지 않고 글을 읽고 책을 썼답니다. 그리고 수도원을 나올 때에는 이미 《대서(大書) Opus majus》와 《소서(小書) Opus minus》, 《제삼서(第三書) Opus tertium》 등의 저서의 토대를 완성한 다음이었지요.

10년의 감금 생활도 그의 의지를 꺾을 수는 없었답니다. 그는 여전히 급진적인 사상으로 신학을 향해 날카로운 붓끝을 들었지요. 그는 스스로 연구할 수 있는 권리를 포기할 수 없었어요. 실험, 실험, 영원히 실험하고자 했던 것이에요. 인류가 우주와 조화를 이룰 수 있을 때까지 말이에요. 그러나 1278년 이미 60세를 넘긴 베이컨은 위험한 사물을

베이컨은 자신이 가진 재산 대부분을 팔아 과학실험에 매달렸어요.

연구하고, 사람을 현혹하는 마술을 쓴다는 억울한 죄목으로 14년간 감금형을 당한 뒤 1292년 감옥에서 인류의 희망과 마지막 인사를 고하고 맙니다.

르네상스 시기의 자연과학

르네상스운동은 중세기의 스콜라 철학을 철저히 뒤집었어요. 그 발단은 14세기 이탈리아에서 시작되었는데, 15세기에는 서유럽 각국에 인문주의의 바람이 불었고, 사람들에게 많은 충격과 놀라움을 안겨주었죠.

기나긴 중세기 동안 철학은 신학의 하녀에 불과했어요. 고대 그리스 철학자들의 우주에 대한 열망은 신에 대한 종교적 애정으로 대체되었지요. 물론 사람이 신을 믿는 것은 자유지만, 신이 인간의 생활을 좌우할 수는 없는 노릇이에요. 또한 신이 존재하며 그가 이 세계를 창조했을 수도 있지만 창조한 뒤의 모든 세상일까지 간섭할 수는 없는 것이지요. 그래서 이 시기 사람들의 관심과 연구의 대상은 사람과 자연으로 옮겨갔답니다. 르네상스로 시작된 인문주의는 사람을 연구하기 시작했고 자연과학의 사조(思潮)는 자연을 탐색하는 데 집중하게 되었지요.

그러나 이 시기의 자연과학은 고대 그리스의 철학과 달리 직관성과 추측성을 벗어나기 위해 노력했답니다. 또한 자연과학 지식으로 철학적 인식을 풍부하게 만들었어요. 르네상스의 자연과학은 신학과 스콜라철학을 반대하는 동시에 신의 자리를 남겨놓았답니다.

르네상스 시기의 자연철학자들은 대부분 이탈리아 사람으로 니콜라 피사노(Nicola Pisano), 레오나르도 다빈치(Leonardo da Vinci), 지오다노 브루노(Giordano Bruno) 등이 있어요. 그들은 자연을 연구하는 동시에 교회에 맞서 싸웠답니다. 그들은 자신의 뛰어난 재능과 더불어 고귀한 목숨도 함께 바쳤지요. 여기에서는 이 시기의 대표적 자연철학자인 지오다노 브루노를 소개할게요.

브루노는 1548년 이탈리아 나폴리 부근의 작은 마을에서 태어났어요. 가정형편이 어려웠던 브루노는 교회의 신부님에게 글을 배웠지요. 꽤나 똑똑하고 성실한 학생이었던 그는 11세에 나폴리로 유학을 떠났답니다. 성인이 된 뒤에는 인문주의자들의 활동에 참여해 그들에게 큰 영향을 받았지요. 대학 학비가 없었던 그는 학문을 위해 수도원을 찾았지만, 내내 수도자들을 삐딱한 시선으로 보았답니다. 그러던 어느 날, 성도미니크 수도원의 토론회에 참가했던 브루노는 그곳 수도사들의 인품에 푹 빠지고 말았지요. 결국 그는 이 수도원의 견습 수사(修士)가 되었고, 지오다노라는 세례명을 받았어요.

브루노는 온갖 고생을 하며 10년 동안 수도원에서 공부했지만, 갈수록 신학이 싫어졌어요. 그는 스콜라철학자들의 비과학적이고 허황된 논리에 지쳐갔답니다. 그가 생각하는 진정한 철학은 자연을 대상으로 그 자연 그대로의 원리에 따라 자연을 연구하는 것이었지요. 그는 자연이 바로 신이며 신이 자연이라고 믿었답니다. 또한 자연과 신은 동일하며 자연을 뛰어넘은 인격적인 신은 존재하지 않는다고 생각했어요.

브루노는 자연 속에서 모든 사물이 운동하고 변화하며 소멸되어간다는 사실을 발견했답니다. 이를테면 씨앗은 줄기가 되고 줄기는 이삭이 되며 이삭은 곡물로 결실을 맺지요. 또한 곡물이 들어간 배에서는 위액이 생겨나고 위액은 피를 만들어 냅니다. 피는 정자를 만들고 정자가 변해 태아가 되고 태아는 자라 사람이 됩니다. 사람은 죽어 흙과 돌 혹은 다른 것들이 되지요.

브루노는 온갖 고생을 하며 10년 동안 수도원에서 공부했지만, 갈수록 신학이 싫어졌어요.

그러나 이렇게 끊임없이 변하는 사물 가운데 변하지 않는 것이 있는데 그것이 바로 물질이에요. 물질은 태어나지도 소멸되지도 않는 영원한 존재로 이 세계는 물질로 구성되어 있다고 브루노는 믿었지요. 우리가 볼 수도 만질 수도 없지만 사람의 이성으로 인식할 수 있는 존재가 바로 물질이며 세계만물의 근원이

되는 것이죠. 브루노는 우주에 한계가 없으며 시작도 끝도 없다고 생각했어요. 그렇기 때문에 사물이 생겨나는 것도 우주 안에 원인이 있지, 우주 밖에서는 찾을 수 없다고 믿었답니다.

그에게 우주는 일종의 원초적이며 능동적인 힘이었어요. 이런 힘은 만물에 다양한 형식을 부여하고 풍부한 자연계를 만들어낼 수 있으며 그 자연계에 질서와 규율을 만들 수도 있지요. 브루노는 이런 힘을 세계영혼의 보편적 이성이라고 불렀답니다. 이 힘은 만물이 생겨나는 내부적 요인이며 만물이 운동하고 변화하는 외부적 요인이 되지요. 그렇기 때문에 브루노는 신이 세상을 창조했다는 이론을 인정하지 않았답니다.

물론 브루노의 철학에는 여전히 신학적 색채가 어느 정도 남아 있었어요. 그는 세상만물에 영혼이 있으며 적어도 생명이 있다고 생각했으니까요. 그리고 이것이 만물이 운동하고 변화하는 근본원인이라고 여겼지요.

브루노는 우주에 무수한 태양이 있고 동시에 무수한 지구도 존재한다는 글을 썼어요. 7개의 행성이 우리의 태양 주위를 도는 것처럼 이 지구들도 자신의 태양 주위를 돌고 있다고 보았지요. 그의 생각은 지구가 우주의 중심이라는 가톨릭의 주장을 부정하는 것이었답니다. 브루노는 사사건건 교회의 권위에 도전하고 맞섰지요. 교회도 이런 브루노를 곱게 볼 리 없었고 틈만 나면 그를 죽이려고 시도했답니다.

결국 브루노는 나라 이곳저곳을 떠돌게 되었어요. 그는 발길이 닿는 곳마다 자신의 새로운 사상을 전파했고, 의식이 깨어 있는 사람들의 열

불도 나를 정복할 순 없다! 먼 훗날 세계가 나를 이해하고 나의 가치를 알아 줄 것이다!

렬한 지지를 얻었지요. 이런 그를 미워한 교회 인사들은 온갖 압박을 가했고, 그는 여기저기로 쫓겨나기 일쑤였답니다. 결국 그는 20년이 넘는 세월 동안 집을 떠나 유랑생활을 했어요. 훗날 간신히 기회를 얻어 귀국하게 된 브루노를 기다리고 있던 것은 종교재판소의 잔혹한 판결뿐이었지요. 8년이란 긴 감옥생활을 하면서도 그는 자신의 주장을 굽히지 않았답니다. 결국 브루노는 1600년 2월 17일 로마 캄포 데 피오리 광장(꽃의 광장)에서 화형을 당했어요. 그러나 형이 집행되기 전 브루노는 큰소리로 이렇게 외쳤답니다. "불도 나를 정복할 순 없다! 먼 훗날 세계가 나를 이해하고 나의 가치를 알아 줄 것이다!" 그리고 시간이 흘러 그의 이 외침은 현실이 되었어요.

다섯 번째 이야기

기계적인 세계

서양철학은 17세기에 이르러 새로운 단계로 도약했어요. 고대 그리스 철학 이후로 다시 한 번 부흥기를 맞은 것이지요. 무엇보다 17, 18세기는 천재들이 쏟아져 나온 시기였어요. 과학 분야의 대표적인 인물로는 갈릴레이(Galileo Galilei), 케플러(Johannes Kepler), 뉴턴(Isaac Newton) 등이 있었고 철학 분야의 대표적인 인물로는 프란시스 베이컨(Francis Bacon), 데카르트(Rene Descartes), 데이비드 흄(David Hume), 존 로크(John Locke), 라이프니츠(Gottfried Wilhelm von Leibniz) 등이 있어요.

이 시기에 자연과학은 큰 성취를 이루었답니다. 특히 역학(力學)과 수학의 성과는 철학의 발전에 큰 영향을 주었지요. 뉴턴의 고전역학은 우주의 기계적인 운동에 관한 과학이었어요. 그의 영향력이 얼마나 대단했는지 당시 사람들은 역학 원리로 모든 것을 다 설명할 수 있다고 믿게 될 정도였답니다. 시계 같은 기계뿐만 아니라 동물, 사람 심지어 사회나 국가도 기계와 같다고 여겼지요. 인류의 다양한 행위도 역학의 원리에 따라 설명했어요. 이는 우리가 평소 철학에서 일컫는 기계적 유물론을 뜻해요.

베이컨은 데모크리토스가 주장한 절대적인 진공을 부정하고 어떤 공간이든 물질로 가득 차있게 마련이라고 주장했답니다.

"아는 것이 힘이다!" 프란시스 베이컨이 이 명언을 남긴 지 어느새 400년이 훌쩍 넘었군요. 그는 생전에 냉동방부 실험을 진행했고 후세를 위해 다양한 사상을 내놓았답니다. 만약 그가 생전에 주장했던 과학지식들이 지금 이렇게 큰 관심을 받고 있는 것을 안다면 얼마나 기뻐할까요? 심지어 마르크스는 로저 베이컨과 같은 성을 갖고 있는 프란시스 베이컨(Francis Bacon, 1561~1626, 르네상스 후의 근대철학, 특히 영국 고전경험론의 창시자)을 '영국 유물주의와 현대 실험과학의 진정한 창시자' 라고 칭했을 정도예요.

베이컨은 귀족가문 출신으로 그의 아버지는 영국의 권력을 장악한 대신이었고 어머니는 재능이 뛰어난 문화학자였답니다. 그는 부모님의 영향을 받아 큰 뜻을 품고 철학과 과학에 투신한 뒤에도 현실적인 권력과 명예를 좇는 일에 열정을 보였습니다.

베이컨의 눈에 철학의 유일한 대상은 객관적인 자연계였어요. 그에게 세계는 본질적으로는 물질이었으며 만물의 물질적 기초를 최초의 물질이라고 불렀지요.

베이컨은 영국 유명론의 전통을 이어받아 자연계의 진정한 존재는 개별적인 물체라고 생각했어요. 그는 모든 일과 사물의 구성에 대해 깊은 연구를 한 뒤 이렇게 말했어요.

"사물을 구성하는 가장 작은 단위는 원자가 아니라 분자다."

그러나 여기서 말하는 '분자'란 우리가 알고 있는 분자가 아니라 사물의 성질을 뜻해요. 이를테면 빛이나 무게, 열, 차가움, 색, 밀도, 부피 같은 것들을 말하지요. 이런 분자들은 무게와 질에 차이가 있어 사물을 구성하는 기본적인 원소들은 서로 다른 배열과 조합을 통해 각양각색의 사물로 탄생하는 것이에요.

베이컨은 데모크리토스가 주장한 절대적인 진공을 부정하고 어떤 공간이든 물질로 가득 차 있게 마련이라고 주장했답니다. 그의 이런 주장은 오늘날 과학적으로 입증되었어요. 설사 진공이라 해도 어떤 물질로 채워져 있으며 아무것도 없다는 것은 불가능하기 때문이지요.

물론 베이컨의 유물주의 사상이 완벽한 것은 아니에요. 그는 공개적으로 신의 존재를 인정했고 신이 우주가 존재할 수 있는 마지막 요인이라고 강조했답니다. 동시에 그는 모든 사물은 분자로 돌아가며 서로 다른 조합의 분자로 돌아간다고 믿었지요. 또한 그는 사물의 내적인 관계와 전체성을 무시함으로써 기계적 유물론에 빠지고 말았답니다.

뇌물수수죄로 관직에서 물러나게 된 베이컨은 고향에 머물며 책을 집필하는 데 전념했어요. 당시 베이컨의 재능을 흠모한 사람이 찾아와 그의 비서가 되겠다고 했답니다. 베이컨 역시 그의 일처리가 마음에 들었고 두 사람은 깊은 우정을 나누게 되었지요. 베이컨을 찾아온 그 남자가 바로 토머스 홉스(Thomas Hobbes, 1588~1679)였답니다.

홉스는 1588년 영국의 목사 집안에서 태어났어요. 그의 아버지는 동료와 다투다 파면을 당한 뒤 집을 나갔고, 홉스는 숙부 밑에서 자랐답니다. 베이컨처럼 머리가 좋았던 토머스 홉스는 15세란 어린 나이에 옥스퍼드 대학에 입학할 수 있었지요. 그러나 당시 옥스퍼드 대학은 일방적으로 스콜라철학을 가르쳤기 때문에 과학이 설 자리가 없었고 심지어 수학은 마술이라는 오해를 받을 정도였어요. 학과공부에 흥미가 없었던 홉스는 많은 지도와 여행기를 탐독했지요.

대학을 졸업한 홉스는 학교에서 1년 동안 논리학을 가르치다 캐번디시 백작에게 채용되어 그의 아들을 가르치는 가정교사가 되었어요. 당시 영국의 귀족들은 학업을 완성하기 위해 유럽의 여러 나라를 한 번씩 여행하곤 했답니다. 1610년 토머스 홉스도 그의 제자를 데리고 프랑스와 독일, 이탈리아를 여행했어요. 그리고 이 여행에서 갈릴레이와 케플러의 과학적 성과를 직접 확인하게 됐어요.

1621년에서 1625년 사이 베이컨의 비서를 했던 홉스는 그의 유물주의 사상에 큰 영향을 받게 되지요. 1629년 다시 귀족집안 아이의 가정교사가 된 홉스는 제자를 데리고 두 번째 유럽여행을 떠났어요. 이 여행을 통해 홉스는 기하학에 큰 흥미를 느끼게 되지요. 1631년 캐번디시 가문으로 다시 돌아온 홉스는 제3대 자손의 가정교사가 되어 제자와 함께 세 번째 여행을 떠났어요. 홉스는 이 여행에서 프랑스의 유명한 수학자인 메르센(Marin Mersenne)을 알게 되고 직접 이탈리아를 찾아가 갈릴레이와 기계역학운동의 문제에 대한 토론을 나누기도 했어요. 그리고 이 두 만남은 홉스의 철학에 매우 큰 영향을 끼쳤답니다.

자신감에 넘쳐서 영국으로 돌아온 홉스가 자신만의 철학체계를 세워가고 있을 무렵 영국은 일대 혼란에 빠졌어요. 어머니를 닮아 천성이 나약하고 겁이 많았던 홉스는 자신이 예전에 쓴 책 때문에 감옥에 갈 것이 두려워 내전이 터지기 직전 캐번디시 가족들과 함께 프랑스로 도망을 갔어요. 11년 동안이나 유랑생활을 하게 된 홉스는 많은 학자들과 교류하며 철학책을 써냈어요. 홉스 역시 우주의 근원은 물질이며 철학의 유일한 연구 대상은 물질이라고 믿었어요. 그렇다면 만물의 근원이 되는 물질이란 대체 무엇일까? 그는 이 문제에 대해 여러 번 명확한 범주를 정해두었답니다.

그에게 물체란 우리의 생각에 구애되지 않고 객관적으로 존재하는 것이었어요. 교실에서 사용하는 책상과 의자를 예로 들어볼까요? 우리가 교실에 앉아 그것들을 사용할 때는 직접 볼 수도 있고 만질 수도 있지요. 하지만 교실을 떠나 그것들을 볼 수 없고 만질 수 없게 되었다고 해서 책상과 의자가 없어지나요? 홉스는 우리가 느낄 수 있든 없든 그것들은 원래 존재하는 것이라고 주장했어요.

자연계 역시 하나의 커다란 기계이며 각각의 물체는 자연계의 부속품이에요. 또한 자연계는 일정한 운동의 법칙으로 돌아가고 있는 것이에요.

인류가 나타나기 전부터 지구와 지구 위의 다른 사물들은 이미 존재했던 것이에요. 드넓은 우주는 더 말할 나위 없겠지요. 설사 사람이 없다 해도 지구는 원래대로 돌고 꽃과 나무는 원래대로 피고 지겠지요. 사람 역시 본질은 물질이에요. 그러나 사람은 나고 죽는 것(자살을 제외하고)을 자신의 마음대로 할 수 없어요. 물질은 우리의 바람대로 만들어지거나 사라지고 늘어나거나 줄어들지 않으며 영원한 것이에요. 세상의 모든 만물은 물질로 구성되어 있기에 구체적인 어떤 사물이 사라진다 해도 물질은 여전히 존재하게 되지요.

토머스 홉스는 물체라면 모두 일정한 공간과 형태를 갖게 되며 이것이 물체의 고유한 특성이라고 믿었어요. 모든 것은 물질적 실체를 갖고 있으며 비물질적인 정신적 실체란 있을 수 없기에 홉스는 무신론자였답니다.

물체의 또 다른 특성은 모든 물체가 다 갖고 있는 것은 아니에요. 예를 들어 색깔, 소리, 맛, 차갑고 뜨거움, 움직임과 고요함 등 물체의 이런 특성은 우리의 영혼에 작용될 때 비로소 사물을 느끼거나 이해할 수 있답니다. 사물의 운동을 설명하면서 홉스는 기계역학운동의 관점을 철학에 응용했어요. 그 역시 운동이 사물이 변화하는 원인임을 인정했지만 모든 사물이 운동하는 것은 아니라고 생각했지요. 운동은 생길 수도 없어질 수도 있는 것이랄까요. 기계의 위치운동은 운동의 유일하고 보편적인 형식이에요. 홉스는 모든 사물의 발전과 변화를 이런 기계운동의 원리로 설명할 수 있다고 보았어요. 자연계 역시 하나의 커다란 기계이며 각각의 물체는 자연계의 부속품인 거지요. 또한 자연계는 일정한 운동의 법칙으로 돌아가고 있는 것이에요. 사람과 시계를 예로 들어 볼까요? 심장은 바로 시계의 태엽이며, 신경은 부속 용수철이고, 관절은 기어라고 할 수 있지요.

평생 동안 학생을 가르치고 여행하는 일을 반복하며 살았던 토머스 홉스는 말년이 되어서야 비로소 평온한 일상을 보낼 수 있었죠. 홉스는 평생 독신으로 살다가 1679년 92세에 세상을 떠났어요. 독신이야말로 철학연구를 할 수 있는 최선의 선택이라고 믿었기 때문이지요.

프랑스의 철학자 르네 데카르트(Rene Descartes, 1596~1650, 프랑스의 철학자이자 수학자이며 물리학자로 근대철학의 아버지)는 홉스와 마찬가지로 평생 독신으로 살았지만, 사랑하는 사람도 있었고 일찍 죽은 딸도 하나 있었어요. 1596년 프랑스의 귀족가문에서 태어난 데카르트는 일찍이 어머니가 폐병으로 돌아가시고 어린 시절부터 어머니와 같은 병을 앓았답니다. 얼굴이 창백하고 마른기침을 달고 살았지요. 의사에게 오래 살지 못할 거라는 말까지 들었을 정도였어요. 데카르트의 아버지는 아들을 위해 늘 보모를 곁에 두었고, 어떤 체육활동도 하지 못하게 했어요. 데카르트는 8세에 라 플레슈 공립학교에 들어가 교육을 받았지만 여전히 체육활동은 면제되는 배려를 받았답니다. 덕분에 그는 또래 친구들보다 여유롭게 책을 볼 수 있었지요. 그는 책을 많이 읽었는데 특히 수학과 자연과학에 가장 큰 흥미를 보였어요.

1612년 푸아티에 대학에 입학한 데카르트는 법학과 의학을 공부했어요. 1616년 11월 대학을 졸업한 그는 마침 갈릴레이가 심판을 받은 일을 전해 듣고 두 가지 결심을 해요. 하나는 학교와 책 속 지식을 공부하는 것을 포기하고 유럽 여러 나라를 다니며 세계라는 큰 책을 직접 느껴보기로 한 것이에요. 다른 하나는 인류에 대한 연구를 통해 믿을만

한 지식을 찾아내고 그 가운데 진리와 오류를 구별해내기로 한 것이죠.

1617년 데카르트는 군에 입대해요. 물론 국가에 충성을 다 하기 위해 입대를 선택한 것은 아니고 문관으로 일하며 간편하고 경제적으로 여행을 다니기 위해서였지요. 어린 시절부터 몸이 약했던 데카르트는 가족들의 지극한 보호를 받았고 성인이 된 뒤에는 유산을 물려받아 어느 것 하나 부족한 것 없이 살았답니다. 그런 그에게 용맹함을 바라는 것은 무리였지요.

데카르트는 군을 제대한 뒤 다시 홀로 유럽 여러 나라를 떠돌아다녔어요. 걸으며 관찰하고 의심하며 생각하는 여행길이었지요. 그렇게 10년이 넘는 세월이 흘렀고 그는 어느새 유명한 학자가 되어 있었답니다.

데카르트가 서양 근대철학의 아버지로 불리게 된 까닭은 그가 예전에 볼 수 없던 새로운 사유방식을 선보였기 때문이에요. 그는 이성이 모든 것을 판단하는 기준이 되며 이성으로 모든 것을 바꿀 수 있다고 믿었답니다. 또한 주체의식을 지닌 '나' 의 개념을 명확히 제시했지요.

그의 철학의 핵심은 이원론(二元論)에 있어요. 세상에는 물질적 실체와 정신적 실체가 존재하며 그 둘은 서로 독립적이라는 것이지요. 그러나 훗날 자연에 대해 연구하게 되면서 자신의 이원론을 포기하고 물질을 유일한 실체로 생각하게 됩니다. 그는 물질에는 본래 연장성이 있어 일종의 길이와 넓이, 높이를 가진 실체가 된다고 생각했답니다. 그는 원자를 나눌 수 없다는 데모크리토스의 이론에 반대했어요. 물질에는

스웨덴의 겨울은 말도 못할 정도로 추웠지요. 데카르트는 매일 아침 새벽 4시도 못되어 일어나 여왕의 수업을 위해 궁으로 향했답니다. 늦게 일어나던 그의 생활습관은 완전히 깨지고 말았지요.

연장성이 있기에 분명 나눌 수도 있다고 보았고, 물질마다 중량의 차이가 있다고 했지요.

그렇다면 어떻게 하나의 물질이 복잡하고 다양한 만물이 된 것일까요? 데카르트가 생각하는 원인은 바로 운동이었어요. 그는 이런 말을 한 적이 있답니다. "나에게 물질과 운동을 준다면 당장 여러분에게 세계를 만들어 보여줄 수 있다."

또한 그는 태양계 형성에 대해 다음과 같은 가설도 내놓았지요. 혼돈 속에 있는 여러 가지 물질 알갱이들이 서로 밀고 당기며 부딪치고 마찰하면서 소용돌이 운동이 생겨났고 그 가운데 불 모양, 흙 모양, 공기 모양을 한 3가지 원소가 나타났어요. 불의 원소는 소용돌이의 가운데서 태양과 몇몇 항성(恒星, 핵융합 반응을 통해서 스스로 빛을 내는 고온의 천체)을 만들어냈고 흙의 원소는 중심에서 벗어나 지구와 다른 행성(行星)을 만들었으며 공기의 원소는 흩어져 하늘과 우주를 만들어낸 것이에요.

물론 그의 이런 가설은 추측에 의한 면이 크지만, 진화한 근대 우주천체학설의 개념을 처음으로 도입했다는 데 큰 의의가 있답니다. 데카르트는 홉스와 마찬가지로 모든 자연현상을 기계운동의 법칙으로 설명하길 좋아해 우주와 국가, 동물도 모두 하나의 기계로 여겼지요.

데카르트가 파리로 돌아오자 그를 존경하는 많은 사람들이 찾아왔어요. 조용히 사색을 즐기는 그로서는 여간 고역이 아닐 수 없었죠. 결국 그는 자신의 재산을 모두 팔아 네덜란드로 몸을 피해 연구에만 매달렸지요. 과학과 철학 연구에 몰두할 수만 있다면 그에게 아버지의 유산 따위는 그리 중요하지 않았어요.

몸이 무척 약했던 데카르트는 건강을 챙기는 데 늘 신경을 썼어요. 조그만 온도 변화에도 폐병에 걸릴까 봐 문밖으로 나서지 않을 정도였지요. 자신을 돌보는 법을 잘 알고 있었던 데카르트는 사실 좀 더 오래 살 수도 있었어요. 그러나 그를 너무나 총애하는 스웨덴의 크리스티 여왕 덕분에 운명이 바뀌고 말았지요.

여왕의 초청을 받은 데카르트는 스웨덴으로 거처를 옮겼어요. 그러나 스웨덴의 겨울은 말도 못할 정도로 추웠지요. 데카르트는 매일 아침 새벽 4시도 못되어 일어나 여왕의 수업을 위해 궁으로 향했답니다. 늦게 일어나던 그의 생활습관은 완전히 깨지고 말았지요. 결국 스웨덴에 도착한 지 4개월이 채 못 되어 데카르트는 폐렴에 걸리고 말았어요. 그리고 다음 해 1650년 2월 11일 새벽 데카르트는 영원히 눈을 감고 말았답니다. 그의 사고(思考)는 멈췄지만, 다신 여왕의 말에 따를 필요가 없게 되었지요.

데카르트는 55세란 비교적 이른 나이에 세상을 떠났지만, 인류에게 엄청난 지식의 보고와 다양한 사상의 유산을 남기고 떠났지요. 그는 근대 철학의 아버지이자 해석기하학의 아버지로 운동량보존법칙을 발견하고 빛의 굴절법칙을 연구하기도 했답니다.

세계의 근원, 물질

1632년은 두 명의 위대한 철학자가 태어난 아주 특별한 해였어요. 한 명은 영국의 철학자이자 정치사상가로 계몽철학 및 경험론 철학의 원조로 일컬어지는 존 로크(John Locke, 1632~1704)이고 다른 한 명은 데카르트 철학에서 결정적 영향을 받아 '모든 것이 신'이라고 하는 범신론(汎神論)을 주장했던 네덜란드의 철학자 스피노자(Baruch de Spinoza, 1632~1677)였지요.

존 로크는 시골의 변호사 가정에서 태어났어요. 그의 어린 시절은 전쟁의 혼란 가운데 지나갔고 중학교 시절에는 청교도식 전통교육을 받으며 하루 종일 설교에 시달려야 했답니다. 반면 그의 가정생활은 무척 자유로운 편이었지요. 20세가 되던 해에 존 로크는 옥스퍼드 대학에 들어갔지만 홉스처럼 학과 과정에 관심이 없었답니다. 대신 실험과학에 큰 흥미를 느꼈고 의학 방면에도 조예가 깊었지요. 공개적으로 병을 치료하지는 않았지만, 친구들 사이에서는 꽤나 인기를 끌었답니다.

그러나 대학에 입학한 해에 로크는 가족 모두를 잃고 맙니다. 그의 어머니는 이미 어린 시절 돌아가셨고 아버지마저 로크 형제를 두고 폐병으로 세상을 떠났지요. 얼마 뒤 하나뿐인 남동생도 아버지의 뒤를 따라 갔고요. 그러나 다행히도 로크의 곁에는 좋은 친구들이 많이 있었답니다. 그 중에서도 아이작 뉴턴(Isaac Newton, 1642~1727)과 로버트 보일(Robert Boyle, 1627~1691)이 그의 가장 절친한 친구들이었지요.

아시다시피 뉴턴은 영국의 물리학자이자 천문학자이며 수학자로 역사상 가장 영향력 있는 과학자로 꼽혀요. 보일은 영국의 화학자이자 물리학자로 화학에 실험적 방법과 입자철학을 도입한 인물로 '보일의 법칙' 으로 유명하지요. 그들의 과학적 성과는 로크의 철학에도 큰 영향을 끼쳤어요. 친구들은 그의 인생을 활기차고 즐겁게 만드는 원동력이었어요.

존 로크는 17세기 영국의 유물주의 철학을 집대성한 인물로 자연에 대한 그의 사상은 데카르트와 홉스, 뉴턴의 영향을 골고루 받았고 세계의 근원은 물질이라고 보았답니다. 그러나 세계에 대한 그의 견해는 너무 많은 요인들이 뒤섞여 있어 무척 모호한 편이에요. 그에게 물질은 일정한 공간을 차지하되 응고된 실체이며 스스로 운동하거나 정지할 수 없는 존재였어요. 그는 "신은 첫 번째 추진자다."라는 뉴턴의 말을 받아들여 신이 우주의 창조자라고 주장했답니다. 그러나 그가 말하는 신은 자연으로 자연을 초월한 인격을 가진 신은 아니었어요.

또한 존 로크의 세계관은 데카르트가 주장한 이원론의 영향을 받아 실체에는 두 가지 종류가 있다고 믿었지요. 하나는 형태가 있되 사고하지 못하는 물질적 실체로 우리가 느낄 수 있는 주변의 구체적인 사물이에요. 다른 하나는 형태가 없지만 사고를 할 수 있는 정신적 실체로 우리의 모든 정신 활동이 포함됩니다. 존 로크 역시 홉스처럼 평생 한 귀족가문과 인연

존 로크의 세계관은 데카르트가 주장한 이원론의 영향을 받아 실체에는 두 가지 종류가 있다고 믿었지요.

을 맺었어요. 바로 애슐리 경(Lord. Ashley, 훗날의 샤프츠버리(Shaftesbury) 백작)의 주치의이자 가정교사 겸 비서가 된 것이에요. 또한 그 가족과 함께 영국의 정치활동에 참여하며 관리가 되기도 했지요. 종종 나라 밖으로 떠돌기는 했지만, 베이컨과 달리 그는 아주 성실한 정치가였답니다.

존 로크는 30년 이상이나 폐병에 시달리며 고통 받았어요. 그럼에도 친구들과 함께 했기에 늘 즐거운 인생을 살았지요. 1704년 존 로크는 하이레이버 교구 교회에 묻혔어요. 그의 묘비에 새긴 묘문은 그가 살아 있을 때 직접 선택한 것이었답니다. 다음은 그 가운데 한 구절이에요.

'당신들은 그가 어떤 사람이었는지 물을 수 있어요. 그 대답은 그는 자신의 운명에 만족한 사람이었으며 훈련된 학자였고 온 힘을 다해 진리를 추구한 사람이라는 겁니다.'

실체는 신이자 자연이다

스피노자는 말했어요.

"내가 만약 굳은 결심을 하고 사람들의 마음을 혼란케 하는 부(富)와 명예, 감각기관의 즐거움, 이 세 가지를 버릴 수만 있다면 이는 진정한 악을 버리고 진정한 선을 얻는 것이다."

바뤼흐 스피노자의 아버지는 유태인 상인이었고, 그의 할아버지는 유태인 노동조합의 요직을 맡고 있었어요. 덕분에 스피노자는 어린 시절부터 종교적인 가풍에서 자랐고 열심히 성경을 연구하기도 했답니다. 이해력이 뛰어난 스피노자를 유태교 지도자들은 미래의 희망이라고 여겼을 정도였지요.

그러나 그들의 꿈은 얼마 지나지 않아 산산조각 나고 말았어요. 스피노자가 비종교적인 책을 섭렵하며 갈수록 유태교 신학에 의심을 품었기 때문이에요. 그는 유태교를 무시하며 영혼의 존재와 영원히 사는 것에 대해 부정했어요. 심지어 천사나 유태인이 믿는 신은 존재하지 않는다고 주장했답니다. 신은 곧 세계이며 한 그루 나무나 풀, 꽃 등 모든 사물에 신의 성스러운 본질이 깃들어 있다고 했지요. 해와 달, 산과 강, 꽃과 나무, 새와 물고기 등이 모두 신의 몸이며 신의 영혼이 그들에게 색깔과 모양, 힘과 정신을 준 것이에요. 그의 이런 철학적 관점을 범신론이라고 해요.

미루어 짐작하겠지만 그의 이런 해괴망측한 주장을 들은 유태교 랍비들은 머리끝까지 화가 났어요. 처음에 그들은 스피노자를 회유하려고 거금을 주겠다며 다시는 말도 안 되는 헛소리를 하지 말라고 부탁했답니다. 그러나 스피노자는 그들의 제안을 단박에 거절했지요. 돈으로도 유혹할 수 없자 이번에는 30일 동안 교적(敎籍)을 박탈했어요. 물론 스피노자의 마음을 돌리기 위해서였지요. 그러나 스피노자는 기다렸다는 듯 순순히 그 결정을 받아들였답니다.

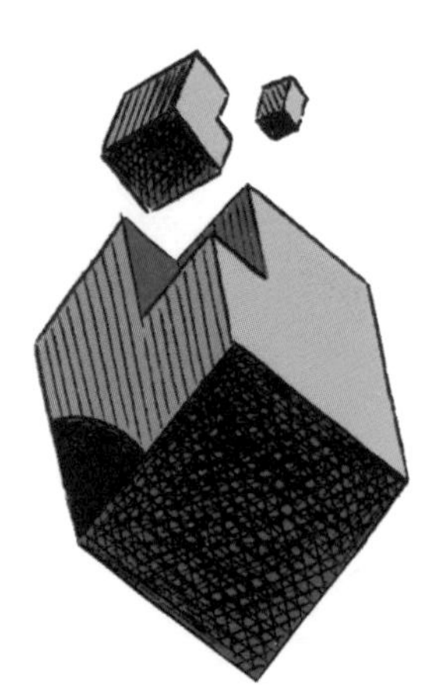

결국 분노한 교회는 1756년 7월 27일 그를 영원히 유태교에서 추방하고 정부에도 그를 도시 밖으로 쫓아내달라고 요구했어요. 당시 겨우 24세였던 스피노자는 홀로 고향을 떠날 수밖에 없었답니다.

스피노자는 자신이 추구하는 목표대로 살기 위해 명예나 돈 등을 멀리하고 렌즈를 깎고 닦는 일을 생계수단으로 삼았지요. 그에게 철학이란 평생 연구해야 할 책임이었답니다. 렌즈를 깎지 않을 때는 우주와 인생에 대해 사색하며 책을 썼지요. 스피노자는 신을 자연이라고 했었지요? 사실 이 신에게는 '실체' 라는 별명이 있어요. 실체가 바로 신이자 자연인 것이죠. 이것이 세계를 보는 그의 눈이었어요. 그렇다면 과연 실체란 무엇일까요?

스피노자는 실체에는 여러 가지 속성이 있지만, 우리가 알 수 있는 것은 두 가지뿐이라고 주장했지요.

실체란 앞에서 언급한 베이컨의 물체와 비슷해요. 독립적으로 존재하며 다른 것에 의존하지 않으며 다른 것을 빌어 설명할 필요도 없답니다. 실체는 하나이기 때문에 서로를 설명할 필요가 없는 것이죠. 또한 실체는 무한한 존재로 만약 한계가 있다면 다른 사물에 의존해야만 하겠지요. 실체가 독립적으로 존재한다면 자기 자신이 존재의 원인이 됩니다. 따라서 태어난다는 것은 있을 수 없으며 시작도 끝도 없답니다. 다시 말해 실체는 영원한 존재이기 때문이에요.

스피노자는 실체에는 여러 가지 속성이 있지만, 우리가 알 수 있는 것은 두 가지뿐이라고 주장했지요. 하나는 연장성으로 그 연장성 때문에 여러 가지 구체적인 사물이 생겨나는 것이에요. 다른 하나는 사유(思惟)로 사유가 있기에 각종 의식과 관념들이 생겨나며 구체적인 정신 활동을 할 수 있는 것이에요. 여기서 스피노자가 강조한 것은 우주 전체는 영원하며 끝도 시작도 없지만 그 안에 있는 구체적인 사물들은 탄생과 소멸이 있다는 주장이었어요. 평생을 청렴하게 살았던 스피노자는 고향을 떠날 때 유산을 물려받을 수 있는 권리마저 포기했었답니다. 유명한 친구들의 도움도 모두 거절했지요. 프러시아의 왕자가 그에게 하이델베르크 대학의 철학교수 자리를 제안했지만, 스피노자는 이마저도 거절했어요. 그런 것들이 그의 사상적 자유를 말살하리란 사실을 잘 알고 있기 때문이었죠.

렌즈를 깎으며 유리 가루가 그의 몸에 쌓이고 움직이지 않는 생활습관을 들이다보니 그의 몸은 점점 약해졌고 결국 폐병에 걸리고 말았답니다. 1677년 겨울 스피노자는 아직 한참 일을 할 나이인 45세에 결국 세상을 떠나고 말았어요.

스피노자가 그토록 빨리 세상을 떠난 것은 생활고 때문이기도 했지만, 자신의 건강에 전혀 관심을 두지 않았기 때문이기도 해요. 그는 인간의 영혼이 몸과 함께 사라지지 않고 영원한 어떤 존재로 남아 있는다고 굳게 믿었답니다.

물론 그가 말하는 영혼이란 유태교에서 말하는 영혼과는 달라요. 인류의 어떤 정신 혹은 인류가 찾는 진리를 의미하지요. 그리고 그것이야말로 스피노자가 평생을 추구했던 존재이기도 해요.

세계의 근원은 물질 자신의 운동에 있다

17, 18세기의 기계적 유물주의철학은 모두 종교 신학과 스콜라철학을 혐오했다는 공통점이 있어요. 그러나 그들은 신학을 비판하면서도 한편으로 신의 자리를 남겨두었답니다. 가장 신을 믿지 않았던 스피노자조차 자연이 신이라고 말했을 정도니까요. 그러나 18세기 프랑스의 '백과사전학파(Encylopedists)' 의 기계적 유물주의철학은 완전히 신을 버리고 철저한 무신론을 주장했어요.

프랑스 계몽운동의 부흥기는 《백과사전》이 편찬되면서 시작되었다고 할 수 있어요. 무려 35권에 이르는 방대한 분량에 집필 기간만 13년이 걸리는 작업이었지요. 《백과사전》을 쓰기 위해 의기투합한 사람들은 대부분 급진적인 사상가들이었답니다. 특히 편집장이었던 드니 디드로(Denis Diderot, 1713~1784)는 대표적인 유물주의 철학자로 평생 《백과사전》을 만드는 데

디드로와 백과사전학파는 서양 철학사에서 처음으로 인간의 뇌야말로 사유의 기관이며, 사유는 인간 뇌의 기능이라고 명확히 밝혔어요.

힘을 쏟았지요. 그런 학자들이 집필을 하다 보니 책에는 자연스럽게 유물주의와 무신론의 관점이 반영되었고 전제군주를 청산해야 한다는 의식이 자리 잡았답니다.

훗날 사람들이 디드로와 가까운 관계를 맺었거나 같은 철학적 관점을 가졌던 동시대의 유물주의 철학자들을 일컬어 '백과사전학파'라고 불렀지요. 그 가운데는 프랑스의 의학자이자 철학자로 대표적인 유물론자인 라메트리(Julien Offroy De La Mettrie, 1709~1751)와 엘베시위스(Claude-Adrien Helvetius, 1715~1771)처럼 책의 집필에 참여하지 않은 사람들도 포함되어 있어요.

백과사전학파는 세계의 모든 사물에 공동의 근원이 있다고 주장했어요. 그리고 그 근원이 바로 물질인 것이지요. 17세기의 철학자들은 물질에 연장성이라는 한 가지 속성 밖에 없으며 물질과 운동을 분리하면 하나의 성질을 가진 물질이 어떻게 다양한 만물로 태어나는지 설명할 수 없었답니다.

디드로와 백과사전학파는 연장성이 물질의 유일한 속성이 아니며 물질은 스스로 운동할 수 있다고 주장했어요. 물리학이나 화학을 통해 이미 물질 전체나 물체를 구성하는 분자 모두 활력으로 가득 차 있다는 것이 증명되었기 때문이에요. 이를테면 불꽃을 화약에 갖다 대면 폭발이 일어나게 되지요. 화약이 폭발하는 것은 분자 내부와 분자 사이에 상호작용이 일어난 결과이고요. 물론 불꽃 때문이라고 할 수도 있지만, 화약이 폭발할 수 있었던 가장 중요한 원인은 화약 내부의 힘이 작용했기 때문이에요. 불꽃을 갖다 댄다고 모두 폭발이 일어나는 것은 아니니까요. 만약 물질 스스로 운동하지 않는다면 외부의 힘을 찾으면 되는 것이에요. 이렇게 백과사전학파는 자연을 뛰어넘는 힘이 존재한다는 결론을 얻었지요. 그러나 그들은 이 힘은 신에게서 비롯된 것이 아니며 신이 세상을 창조했다는 것은 일종의 망상이라고 여겼답니다.

디드로와 백과사전학파는 서양 철학사에서 처음으로 인간의 뇌야말로 사유의 기관이며, 사유는 인간 뇌의 기능이라고 명확히 밝혔어요. 그 전까지만 해도 철학자들은 줄곧 어떻게 물질이 의식 활동의 문제를 생산하는지 정확히 규명하지 못하고 있었답니다. 예전 철학자들은 정신활동을 물질의 운동이라든지 신의 계시를 통해 신이 물질에게 부여한 사고능력이라고 설명했었지요. 사실 인간의 뇌가 사고를 할 수 있는 것은 그 안에 인간이 사고할 수 있는 물질을 제공하는 매우 복잡한 감각신경체계가 있기 때문이에요.

눈에 보이지 않는 정신 세계

자연만물에 대해 사람들이 아직 잘 알지 못했을 때 특히 영혼의 활동에 대해 의문을 품고 있던 당시 사람들은 수많은 신화를 꾸며내어 세계의 변화를 설명하려 했답니다. 이런 신화 속에는 어김없이 수많은 정령(精靈)과 귀신이 등장하는데, 그들은 종종 신기하고 강한 정신적 힘을 의미했어요. 옛날 사람들은 물질세계의 뒤에는 분명 우리가 볼 수 없는 정신적 힘이 작용하고 있다고 믿었답니다. 생활 속에서 자주 부딪치게 되는 변화를 설명할 수 없었기 때문이지요. 그들은 상상력을 발휘해 어떤 정신적 힘이 이 세계의 기초가 된다고 믿은 거지요. 역사 이래 유물주의적 세계관을 제외하면 유심주의적 세계관도 사람들에게 많은 호응을 얻은 것은 사실이에요. 철학 혹은 유심주의는 줄곧 세계가 정신적 힘에 의해 창조되었다고 주장해왔어요.

첫 번째 이야기

숫자화 된 세계

밀레토스학파가 한창 활동을 하고 있을 때 밀레토스로 온 피타고라스는 탈레스의 제자였던 아낙시만드로스(Anaximandros, BC 610년경~BC 546년경)에게서 다양한 지식을 배웠어요. 스승의 가르침에 따라 피타고라스는 기하학과 천문학을 배우며 세계만물의 근원이 무엇인지를 알아내기 위해 힘썼지요. 그러나 그는 얼마 지나지 않아 아낙시만드로스에게서 더 이상 배울 것이 없다고 느꼈어요. 그래서 또 다른 스승인 페레퀴데스(Pherekydes)를 찾아갔지요. 그는 영혼은 죽지 않으며 다음 세상에서 다시 태어난다는 윤회설과 어떤 것도 절대적으로 새로운 것은 없으며 만물의 생명은 혈관으로 통한다고 주장하는 사람이었어요. 스승의 이런 사상은 피타고라스에게 큰 영향을 끼쳤답니다.

피타고라스는 훗날 이집트와 바빌론 등을 돌며 많은 지식을 배워, 당시 고대 그리스에서 가장 학문이 뛰어난 사람 가운데 하나가 되었지

요. 나중에 고향으로 돌아온 그는 뭔가를 하고 싶었지만 불안한 사회질서 때문에 별 수 없이 다시 외국으로 나가게 됩니다. 그리고 상업이 발달한 남이탈리아의 크로톤 섬, 지금의 크로토네에 정착하게 되지요. 사실 그때야말로 그의 인생 가운데 가장 창조력이 빛나던 시기였답니다.

스승 아낙시만드로스와 달리 피타고라스는 세계의 근원을 물질로 보지 않았어요. 그는 감성을 뛰어넘는 추상적인 어떤 것을 세계의 근원이라 여겼지요. 추상적인 그 어떤 것이 대체 무엇이었을까요? 바로 숫자였어요. 피타고라스는 그와 관련된 두 가지 유명한 격언을 남겼답니다.

"지혜란 무엇인가? 바로 숫자다."

"아름다움이란 무엇인가? 바로 조화다."

피타고라스는 자신만의 학파를 만들었어요. 그러나 이 학파는 단순히 배움을 위한 집단이 아니라 종교정치단체이기도 했답니다. 이 학파의 구성원들은 모두 유럽의 초창기 수학자들이었지요. 직각 삼각형에서 직각을 낀 두 변이 3과 4일 때 빗변은 5가 된다는 정리나 황금분할법, 삼각형의 세 변의 합은 180도 등의 수학지식이 당시 피타고라스학파에서 나온 것들이에요.

그들은 수학에 대해 연구하다 이 세상 많은 사물들이 숫자로 표현될 수 있으며 일정한 숫자의 비례관계를 따른다는 것을 발견했어요. 예를

"지혜란 무엇인가? 바로 숫자다." "아름다움이란 무엇인가? 바로 조화다."

들어 현악기의 현의 길이에 따라 음정이 수의 비례를 이룬다든지, 천체 사이에 있는 만물도 일정한 비례관계를 따른다든지 하는 것들이 있지요. 그렇다면 숫자가 어떻게 세상만물을 만들어낼까요? 그에 대해 피타고라스학파는 이렇게 주장해요. 수(數)에서 점이 생기고 점에서 선(線)이 생기며 선에서 면(面)이 생기고 면에서 물체가 생기는 것이지요. 또한 물체에서 감각에 관한 모든 형태가 생겨나며 4가지 원소인 물, 불, 흙, 공기도 함께 생겨나는 것이고요. 그리고 이 네 가지 원소는 다른 방식으로 서로 변화하며 생명과 정신이 있는 동그란 구모양의 세계가 형성되는 것이지요.

어쩌면 이런 피타고라스의 생각이 터무니없다고 생각될 수도 있겠지만 그의 눈에 '수'란 우리가 보통 생각하는 공식이나 사물의 수를 계산하는 부호가 아니었답니다. 그에게 수는 일종의 힘이자 가장 지혜로운 것이며 우주의 근원이자 서로 다른 정신을 포함한 것이었지요. 1은 만물의 어머니이며, 2는 의견이자 대립과 부정의 원칙이며, 3은 만물의 형태이자 형식이고 4는 물, 불, 흙, 공기의 4원소와 정의를, 5는 홀수와 짝수의 결합이자 결혼을, 6은 영혼, 7은 지혜, 8은 우정과 사랑, 9는 이성, 10은 완벽함을 뜻해요.

사실 오늘날도 숫자에 대해 특별히 민감한 사람들이 많지요. 이를테면 중국에서는 4를 죽을 사(死)와 음이 같다고 해서 불길한 숫자로, 6과 9는 좋은 숫자로 친답니다. 6은 순조로움을 9는 부자가 된다는 뜻을 갖고 있기 때문이지요. 또한 9는 황제를 뜻하는 특별한 수이기도 해요. 숫자가 의미하는 특별한 의미 때문에 적지 않은 사람들이 집 전화번호나 핸드폰번호, 차의 번호판, 건물 층수를 선택할 때 싫어하는 번호를 피하고 좋아하는 번호를 가지려고 노력하지요. 어떤 사람들은 마음에 드는 숫자를 고르려고 거금을 지불하기도 해요. 서양에서는 13을 불길한 숫자라 하여 13층이 아예 없는 건물이 있을 정도랍니다.

숫자는 사람들의 생활 속에서 중요한 작용을 할 뿐만 아니라 자연과학의 발전에 있어서도 떼려야 뗄 수 없는 존재이에요. 숫자가 없는 계산기를 생각할 수 있나요? 계산기 뿐만 아니라 생활 가운데 숫자의 개념이 없다면 사회는 혼란에 빠지고 말 거예요. 자신의 시간을 계획할 수도, 사물에 대한 통계를 낼 수도 없겠지요. 피타고라스는 수를 연구하며 그 독특한 매력에 푹 빠지고 말았답니다. 그는 수를 우주의 힘으로 여겼으며 우주에서 가장 지혜로운 존재이자 인간이 추구해야만 하는 대상이라고 주장했어요. 또한 수야말로 우리의 영혼을 맑게 하고 영원한 생명을 주는 존재로까지 여겨졌지요.

피타고라스는 '수'를 우주에서 가장 지혜로운 존재이자 인간이 추구해야만 하는 대상이라고 주장했어요. 또한 수를 우리의 영혼을 맑게 하고 영원한 생명을 주는 존재로까지 여겼답니다.

헤라클레이토스가 세계만물이 투쟁과 대립을 통해 생겨난다고 강조한 것과 달리 피타고라스는 사물 사이에 대립은 있지만, 보다 중요한 것은 조화라고 강조했어요. 세계의 만물은 일정한 숫자의 비례에 따라 돌아가며 그런 가운데 어떤 조화에 이르게 된다는 것이지요.

피타고라스가 세운 학파에는 유별난 계율이 많았어요. 작은 칼로 불을 피우면 안 되고 반지에 신의 모양을 본뜬 조각을 새기는 것도 금지였지요. 동물의 심장을 먹어서도 안 되고 콩을 먹는 것도 안 되었고요. 콩밭을 걷는다든지 떨어진 물건을 줍거나 하얀 수탉을 만지는 것도 금지였어요.

피타고라스학파는 적극적으로 정치활동에 참여하다가 몇몇 사람들의 불만을 샀어요. 그들은 피타고라스가 어느 귀족 자제를 제자로 받아주지 않는다는 헛소문을 퍼뜨려 사람들을 선동했어요. 그들은 피타고라스가 학생들을 가르치는 곳을 불태웠고 도망치는 피타고라스와 제자들을 뒤쫓았답니다. 그런데 마침 그들이 도망가는 길목에 콩밭이 있는 게 아닙니까. 죽을지언정 계율을 어길 수 없었던 피타고라스 일행은 사람들에게 붙잡혀 맞아죽고 말았답니다. 결국 피타고라스는 자기가 세운 유별난 계율들 때문에 목숨을 잃게 된 것이지요.

두 번째 이야기

근거로서의 '존재'

서양철학에 대해 이야기하다보면 꼭 언급하게 되는 사람이 있어요. 그는 서양 전통형이상학의 문을 열고 철학이 연구해야 할 주요범위로 '존재'를 제시했으며 플라톤과 아리스토텔레스의 사상 역시 그의 것을 계승한 것이지요. 그의 이름은 바로 파르메니데스예요.

고대 그리스의 자연 과학자였던 탈레스와 헤라클레이토스, 데모크리토스가 연구했던 것은 우주의 기원문제였어요. 세계의 근원은 어디에서 오는가에 대한 의문이었지요. 그러나 파르메니데스는 그들과는 다른 길을 걸었답니다. 그는 진리와 의견, 현상과 본질에 자신의 모든 주의력을 집중시켰지요. 일설에 따르면 그는 크세노파네스(Xenophanes, BC 560년경~BC 478년경)와 아낙시만드로스의 제자였다고 해요. 크세노파네스는 우리의 감성을 뛰어넘는 유일하고 움직이지 않는 세계의 근원은 신이라고 주장했어요. 파르메니데스가 바로 이런 신을 계승했고 그 이름을 바꾸어 '존재' 라고 부른 것이지요.

《자연에 대하여》라는 그의 책 머리말에는 여신(女神)이 세계를 인식하는 세 가지 길에 대해 자신에게 알려주었다고 되어 있어요. 그 첫 번째 길은 "존재자는 존재하며 존재하지 않을 수 없다."예요. 이는 진리를 얻을 수 있는 한 가지 길로 파르메니데스는 우리가 보고 느끼는 세계는 늘 운동하고 변화하며 삶과 죽음, 또한 다양함이 있기에 반드시 이 세계 뒤에는 영원하며 불변하고 유일한 어떤 것이 있으리라고 믿었답니다. 또한 감성적인 사물에는 한계가 있게 마련이지만, 어딘가 꼭 완벽한 존재가 있을 것이라 생각했지요. 뿐만 아니라 사물의 성질은 복잡하고 자주 변하지만 분명 하나의 성질에 대립과 충돌도 일어나지 않는 어떤 것이 있으리라 믿었죠.

파르메니데스는 그 어떤 것을 '존재' 라고 불렀어요. 이는 우리가 느낄 수 있는 세계와 모든 사물을 뛰어 넘는 절대적인 존재로 현재 우리가 말하는 '본질' 과 같은 뜻이며 현상과는 대립되는 말이에요.

그렇다면 파르메니데스가 말하는 '존재' 란 구체적으로 무엇일까요? '존재' 는 때로는 우리 눈에 보이지 않으며, 이성으로만 감지할 수 있는 정신적인 것, 또 때로는 구체적인 모양이 있는 공처럼 둥근 모양 같은 것으로, 만약 '존재' 가 구형이라면 이는 한계가 있고 느낄 수 있는 상징적인 것이 됩니다.

파르메니데스는 '존재' 를 구형에 비유했지요. 고대 그리스인들은 구형이나 원형을 들어 사물의 유일성과 원만성을 상징했기 때문이지요. 또한 이는 당시 사람들의 세계에 대한 이해가 얼마나 소박했는지를 단적으로 보여주는 예이기도 해요.

파르메니데스는 '존재'의 구체적인 내용에 대해 명확히 설명하지 못했어요.

여신이 알려준 두 번째 길은 '의견의 길'이에요. 이는 보통 사람들도 이해할 수 있는 지식으로 잠깐의 감각적 경험에 의해 얻게 되는 '비존재'적인 것이랍니다. 이런 것들을 자연철학에 대입하면 우주만물 가운데 존재하는 빛과 어둠, 차가움과 뜨거움, 가벼움과 무거움, 옅음과 짙음, 왼쪽과 오른쪽 등 대립면을 찾을 수 있지요. 그리고 이런 대립면을 섞으면 사물의 생사와 변화를 초래할 수 있답니다.

여신이 알려준 세 번째 길은 '존재와 비존재의 같음과 다름'이에요.

이는 지식이 부족한 자들의 생각이지요. 그러나 사실 여기서 말하는 지식이 없는 자는 헤라클레이토스 같은 사상가를 가리켜요. "우리는 똑같은 강물에 두 번 들어갈 수 없다."는 헤라클레이토스의 명언을 기억하지요? 이것은 우리는 존재하되 존재하지 않음을 뜻하는 말이에요. 파르메니데스는 그런 헤라클레이토스의 관점을 반박하기 위해 이 명제를 만들었답니다. 그에게 존재하되 존재하지 않는다는 것은 전혀 이치에 닿지 않는 말이었으니까요. 파르메니데스는 철학자가 연구해야 할 유일하고 영원한 대상을 '존재'라고 굳게 믿었답니다.

세 번째 이야기

만물을 지배하는 이념

파르메니데스의 '존재론'에 대한 이야기를 마쳤으니, 이제 아테네로 가볼까요? 그곳에서 서양철학 역사상 가장 유명한 철학자 세 사람을 만나봅시다. 그들은 바로 내면(영혼의 차원) 철학의 시조라 할 수 있는 소크라테스(Socrates, BC 469년경~BC 399)와 플라톤 그리고 아리스토텔레스랍니다.

고대의 모든 철학자 가운데 소크라테스처럼 선명한 인상을 남긴 사람이 있을까요? 태어나서 한 번도 글을 통해 자신의 사상을 전한 적이 없던 철학자였던 소크라테스는 독특한 인격적인 매력을 가진 인물로 다른 사람들의 작품 속에 등장해요. 특히 그의 제자였던 플라톤의 책 속에서 소크라테스가 차지하는 비중은 주연배우 수준이랍니다.

이미 2천4백여 년이 지났지만 우리는 주름이 길게 늘어진 옷을 입고 한가롭게 아테네 광장을 걸으며 만나는 사람마다 더 이상 물어 볼 것이 없을 정도로 이야기를 나누던 소크라테스의 모습을 생생하게 그려볼 수 있지요. 그의 주변에는 늘 사람들이 따랐고 학파를 가리지 않고 다양한 사람들이 있었답니다.

사실 소크라테스는 외모로만 보자면 무척이나 볼품없는 사람이었어요. 벗겨진 이마에 커다란 얼굴, 쑥 꺼진 눈, 흐리멍덩한 눈빛, 납작한 사자코, 두꺼운 입술, 게다가 옷도 번듯하게 입고 다니는 편이 못 되었지요. 그는 이렇게 보잘것없는 사람이었지만 아테네에서 가장 뛰어난 청년들이 존경하는 스승이자 친구였어요. 이는 단순히 그의 학문이 높았기 때문이 아니라 그의 품격에 반한 사람이 많았기 때문이에요.

소크라테스의 어머니는 아기 낳는 것을 돕는 산파였어요. 그는 자신이 다른 사람과 묻고 대답하는 방식을 정신적 산파술에 비유하곤 했답니다. 그의 어머니가 받는 것은 갓난 아기이지만, 소크라테스가 하는 것은 남을 도와 진리를 찾는 일이었기 때문이지요.

그의 방법은 매우 독특해서 항상 먼저 상대에게 그가 완벽히 알고 있다고 생각하는 문제에 대해 물었답니다. 그 상대가 자신 있게 대답하면 소크라테스는 기다렸다는 듯 반박을 하지요. 대부분 상대는 소크라테스의 논리에 고개를 끄덕이고 말았죠. 그렇게 소크라테스와 문답을 하다보면 결국 질문을 받던 상대가 자신의 논리가 빈약함을 인정하며 줄행랑치고 말지요. 대화가 이런 단계에 이르면 소크라테스도 자신의 임무를 다 한 것이에요. 그는 항상 의문을 제기하며 상대를 깜짝깜짝 놀라게 했지요. 완벽한 답은 내놓지 않으면서도 할 말은 다 하고 항상 자신은 아무것도 모른다고 이야기했답니다.

소크라테스는 철학사상 새로운 혁명을 이끌어낸 사람이었어요. 젊은 시절 다른 철학자들처럼 자연철학에 심취했던 소크라테스는 외계와 사물에 대해 열심히 연구했었답니다. 세계가 이런 것은 어떤 힘이 세계를 지배하기 때문이며 그 힘은 신이 부여한 '선(善)' 이라고 생각했지요. 다리가 있는 것은 걷기 위함이고 손이 있는 것은 잡기 위함이며 입이 있는 것은 밥을 먹기 위함이고 눈이 있는 것은 보기 위함이며 귀가 있는 것은 듣기 위함이죠. 이렇듯 세상의 모든 사물이 우리가 보는 것처럼 존재하는 것은 그 존재에 대해 추구하는 목적이 있기 때문인 것이지요.

훗날 소크라테스는 자연에 대해 연구하는 것이 아무 의미도 없으며 별다른 결과도 기대할 수 없는 일이란 사실을 깨달았답니다. 게다가 이는 신을 조롱하는 일이기도 했지요. 그는 사람이 주목해야 할 것은 인류 자신이지 우주가 아니며 사람은 먼저 자기 자신을 알아야 한다고 생각했어요. 결국 그는 자신의 철학연구의 중점을 사람의 일과 영혼으로 바꿨답니다. 그는 선을 인식하고 또한 선을 추구하는 것을 인생의 가장 큰 목표로 삼았지요.

"너 자신을 알라!" 소크라테스의 이 명언 속에는 자신의 무지를 깨닫고 진정한 선을 추구하라는 뜻이 담겨 있답니다. 그는 스스로 이 목표를 실천했을 뿐만 아니라 자신이 말하던 정신적 산파술을 통해 자기 주변의 사람들에게도 선을 알리고자 했지요.

그러나 모든 사람이 소크라테스의 이런 고심어린 방법을 이해해주는 것은 아니었어요. 남 앞에서 조롱거리가 되는 것을 참지 못하는 사람들도 있으니까요. 그를 존경하는 사람이 많은 만큼 그를 미워하는 사람들도 많았답니다. 결국 소크라테스가 70세가 되던 해인 BC 399년 어느 봄날, 그를 미워하던 사람들이 두 가지 죄목으로 그를 고소했어요. 첫 번째 죄목은 소크라테스가 신을 따르지 않는다는 것이었고, 두 번째 죄목은 소크라테스가 아테네 젊은이들의 사고를 타락시킨다는 것이었어요.

당시 아테네는 민주주의 도시국가로 민주주의야말로 소크라테스가 숭배하던 것이었어요. 그러나 아테네의 민주주의는 소크라테스의 목숨을 거둬 가버렸어요. 소크라테스에 대한 판결은 아테네의 역사 가운데 치욕적인 오점으로 남고 말았지요. 신을 존경하고 따르며 남을 도와 진리를 찾으려 했으며 선을 추구했던 한 철학자는 어이없는 죄목 앞에 무릎을 꿇고 말았답니다. 그에게는 사형이 내려졌어요. 그가 죽은 지 이미 2천 년이 넘었지만 소크라테스에게 내린 판결을 기록한 플라톤의 논집(論集) 《파에돈(Phaedo)》을 살펴보면 참으로 답답하고 슬프기까지 하답니다.

사람이 주목해야 할 것은 인류 자신이지 우주가 아니며 사람은 먼저 자기 자신을 알아야 한다.

죽음을 두려워하지 않았던 소크라테스는 조금의 망설임도 없이 독이 든 술을 들이켰지요. 그러나 소크라테스는 원래 죽지 않을 수도 있었답니다. 재판할 때 좀 더 공손한 태도를 보였다든지, 제자들이 준비해둔대로 도망갔더라면 아마도…… 그러나 이는 단지 만약에 불과해요. 역사는 가정에 의해 바뀌지 않으니까요. 그러나 만약 당시 소크라테스가 정말 죽지 않았다면 많은 것이 우리가 지금 보고 있는 것과는 달랐을 것이에요. 적어도 플라톤의 철학사상에는 더 큰 발전이 있었겠지요. 스승 소크라테스가 그에게 끼친 영향이 그만큼 컸으니까요.

세계의 만물은 '이념' 때문에 존재한다.

플라톤은 20세 때 소크라테스를 찾아가 제자가 되었고 8년 동안 그의 가르침을 받았답니다. 플라톤이 소크라테스를 처음 만났을 때 소크라테스는 이미 60세였어요. 그러나 그에게 소크라테스는 단순한 스승이 아니라 친구와 같았답니다.

플라톤은 점점 깊이 스승의 철학에 빠져들었고 자신이 줄곧 사랑하던 문학마저 포기했지요. 그는 스승을 존경했고 자신이 소크라테스의 제자인 것을 자랑스러워했답니다. 실제로 이렇게 말한 적도 있으니까요. "내가 소크라테스와 같은 시대를 살고, 또 그의 제자가 되게 해주신 신에게 감사드립니다."

그렇기 때문에 소크라테스가 죽게 되었을 때 플라톤이 느낀 감정은 단지 슬픔이라는 말로는 표현할 수 없는 것이었어요. 좋은 스승이자 친구를 잃었다는 상실감에 대해 그는 아테네 정치 자체에 깊은 절망을 느꼈답니다. 명문귀족가문 출신인 플라톤에게 이는 엄청난 충격이 아닐 수 없었지요. 소크라테스의 죽음에 영향을 받은 플라톤은 훗날 《국가론》이란 책을 쓰게 됩니다. 이 책에서 이상적인 국가는 소크라테스와 같은 철학자가 근거도 없는 죄목으로 사형당하지 않으며 오히려 국가의 통치자가 될 수 있는 곳으로 묘사되지요.

소크라테스가 죽은 뒤 플라톤은 상심의 땅인 아테네를 떠나 무려 12년 동안이나 메가라(그리스 남부 코린트 지협(地峽) 남안(南岸)에 있는 역사적 도시), 키레네(아프리카 북부, 리비아 북동쪽 키레나이카의 지중해에 접한 도시), 남이탈리아, 이집트, 시칠리아 섬 등을 떠돌아다며 엘레아학파와 피타고라스학파의 철학사상을 공부해요. 그리고 다시 아테네 땅을 밟게 되었을 때 플라톤은 이미 당시 최고의 학문을 갖춘 사람이 되어 있었지요.

BC 387년 플라톤은 친구들의 도움으로 그리스 신화에 등장하는 아테네의 영웅 아카데모스(Academos)를 모신 땅에 아카데메이아(Academy)와 운동장을 만들어 제자들을 모집했어요. 이는 서양 역사 가운데 처음으로 문을 연 철학학원이었으며 대학교의 초기 형태인 아카데미의 유래가 되었답니다.

플라톤은 아카데메이아를 연 후로 40년 동안 그곳에 머물면서 조용한 생활을 누리고 철학책을 쓰는 데 온 힘을 다했답니다. 그 사이 시러큐스로 잠시 두 번 여행을 다녀온 것이 전부였을 정도예요. 그는 후대 사람들에게 40여 편이 넘는 책을 남겼고 그 가운데 24편은 그가 직접 쓴 것으로 판명되었어요. 뿐만 아니라 13편의 편지글도 남겼지요. 후대 사람들은 고대 그리스의 철학을 연구하는 데 있어 플라톤의 책을 통

플라톤과 소크라테스처럼 친밀한 관계는 철학사에서 다시 찾아볼 수 없었어요.

해 많은 자료를 얻을 수 있었답니다.

플라톤의 책들은 대부분 이야기를 주고받는 대화체로 되어 있는데 그의 문체는 우아하고 생동감이 있어요. 플라톤 이후로 대화체를 그토록 자연스럽게 쓸 수 있는 작가는 없었답니다. 그가 철학자였는데도 말이지요. 그러나 이렇게 묻고 답하는 식의 대화체는 그의 스승인 소크라테스의 영향이 분명해요. 다만 소크라테스는 글을 남기지 않아 비교할 수 없다는 사실이 아쉬울 뿐이지요.

플라톤의 작품 대부분에서 소크라테스가 차지하는 비중이 매우 크답니다. 어떤 부분은 소크라테스의 사상을 그대로 표현하거나, 어떤 부분은 소크라테스의 입을 빌려 자신의 사상을 표현하기도 했어요. 그러나 어느 부분이 소크라테스의 생각이고, 어느 부분이 플라톤의 생각인지는 구별할 수가 없답니다. 철학사에서 두 사람만큼 친밀했던 관계는 다시 찾아볼 수 없었어요.

플라톤은 방대한 유심주의 체계를 구축했는데, 그의 전체 학설 가운데 이론적 기초가 된 학설이 바로 '이념론'이에요. 소크라테스는 살아 있을 때 다른 사람에게 무언가에 대해 정의를 내려주는 걸 좋아했어요. 아름다움이란 무엇인가? 선이란 무엇인가? 용기란 무엇인가? 그의 이런 방법은 플라톤에게도 고스란히 전해졌어요. 그러나 플라톤은 도덕적인 범위 안에서 보편적인 정의만 찾는 데 그치지 않고 모든 사물 가운데서 정의를 찾고자 했답니다.

앞에서 말한 것처럼 유명론은 우리가 말하는 모든 사물을 분류대로 나누고 이름을 지어주는 것을 좋아해요. 이는 마치 사물을 종류대로 줄 세워 피라미드처럼 쌓아 올라가는 것과 같아서, 위로 올라갈수록 종류의 범위는 단순해져요. 예를 들어 동물의 종류를 나눠볼까요? 크게는 고등동물과 하등동물로 나눌 수 있겠지요. 고등동물은 사람을 포함하고, 하등동물은 다시 연체동물과 파충류, 조개류, 척추동물 등으로 나눌 수 있어요. 각 종류의 동물은 다시 구체적인 종 하나하나가 될 때까지 나눌 수 있지요.

우리는 어떤 사물은 책상이라 하고 어떤 것은 의자라고 해요. 또 어떤 것은 식물이며 어떤 것은 동물이고, 어떤 것은 아름답고 어떤 것은 추하다고도 하지요. 사람들이 그렇게 말할 수 있는 것은 그것들이 갖고 있는 공통의 성질 때문이에요. 그래서 플라톤은 하나의 종류로 나눌 수 있는 공통의 성질을 '이념'이라고 불렀답니다. 이는 파르메니데스가 말한 '존재'와도 비슷하지만 그가 말한 존재는 유일한 것이었어요. 그러나 플라톤의 '이념'은 그 숫자가 엄청나지요. 구체적인 사물의 수만큼 '이념'도 존재한다고 보았으니까요. 그러나 한 종류의 사물에 이념은 하나씩만 존재해요.

이렇게 많은 이념도 등급에는 차이가 있어요. 가장 낮은 등급이 구체적인 사물의 이념(책상, 의자, 침대 등)이고, 다음 등급이 관계의 이념(예를 들면, ~보다 크다, ~보다 작다)이지요. 그 위의 등급이 성질의 이념(예를 들면, 까맣다, 하얗다, 차갑다, 뜨겁다)이고 순서에 따라 수학의 이념과 논리의 이념, 정치의 이념이 그 위의 등급을 차지해요. 가장 높은 등급은 선의 이념이에요.

플라톤은 현상의 세계와 이데아의 세계(이념적 세계)를 명확히 구분했어요. 그 역시 다른 철학자들과 마찬가지로 현상의 세계 속 모든 구체적인 사물은 움직이고 변화하며 쉽게 망가지거나 결함이 생긴다는 사실을 발견했답니다. 그러나 구체적인 사물을 뛰어넘는 추상적인 이념은 독립적으로 존재하며 영원하고 절대적으로 완벽한 존재였지요. 그러나 이런 이념은 실제로 존재하며 구체적인 사물이 추구하는 목표이지요.

책상을 예로 들어볼까요? 책상의 모양은 얼마든지 변할 수 있지요. 둥근 것도 있고 네모난 것도 있고 다리가 세 개인 것, 다리가 네 개인 것도 있는 것처럼요. 어떤 재료로 만들었느냐에 따라 종류도 다양해지지요. 단순히 나무로 만든 것 외에도 유리로 만들거나 돌이나 플라스틱 등으로 만들 수도 있죠. 또한 만드는 사람이 다르면 만들어지는 책상도 다르게 마련이에요. 그러나 책상은 일단 만들고 나면 닳고 깨지고 망가지게 되어 있어요. 사용하던 책상이 심하게 망가지면 사람들은 책상을 불에 태워버리기도 하지요. 그러나 구체적인 사물인 책상이 어떻게 변하든, 책상이 가진 이념은 변하지 않는답니다.

플라톤은 우리가 누군가를 보고 예쁘다고 하거나 어떤 꽃이나 그림이 아름답다고 하는 것은 구체적인 방면의 특징을 가리키는 것이지, 절대적인 아름다움을 가리키는 것은 아니라고 말했어요. 이렇듯 사물이 가진 아름다움 외에도 세상에는 다른 아름다움이 존재하는데 그것이 바로 어느 것과도 섞이지 않은 순수하고 완전무결한 아름다움이에요.

'이념' 의 가장 중요한 특성은 만물의 근원이라는 점이에요. 이념은 모든 만물에 앞서 독립적으로 존재하고 있답니다. 그렇다면 이념은 어떻게 생겨나게 되는 것일까요? 플라톤은 이 문제에 대해 정확하게 설명하지 못했어요. 다만 책상이나 침대, 나라 같은 것이 존재할 수 있는 이유는 그것들이 각각의 이념을 흉내 냈기 때문이라고만 했지요. 또한 아름다운 꽃이나 그림, 사람이 아름다운 것은 아름다움의 이념을 나누어 가졌기 때문이라고 주장했어요. 또한 플라톤은 예술가들을 신이 창조한 세계 속의 이념과 구체적인 사물 사이에서 흉내를 내는 모방자에 불과하다고 얕잡아 보았답니다.

플라톤 역시 우주가 어떻게 생겨났는지에 대해 연구했어요. 그는 사물의 기초와 재료가 되는 것으로 원시적인 물질을 꼽았는데 이는 이념에 의해 규정될 때 일정한 모양과 성질, 질서를 갖추게 되며 현실에 존재하는 물질이 된다고 보았어요. 또한 이러한 이념은 신에 의해 작용되는 것이라고 믿었답니다.

플라톤은 '이념' 을 단독으로 사용할 때는 비교적 분명히 그 뜻을 설명했지만, 이데아의 세계와 현상의 세계에 이념을 대입하면 혼란에 빠

플라톤이 이렇게 현상의 세계를 부정한 것은 사람들이 눈에 보이는 감각적인 세계에 현혹되지 않기를 바랐기 때문이에요. 또한 그는 인간의 이성으로 본질적인 것을 파악할 수 있기를 바랐답니다.

져버렸어요. 이를테면 정신적이고 영원한 '이념'이 어떻게 만물을 만들어내는지에 대해서는 명확히 이야기하지 못했답니다. 다만 신의 힘이 작용하며 또한 물질의 재료를 배치하는 것이라고 설명했지요. 그렇다면 물질의 재료는 대체 어디서 오는 것일까요? 이 문제에 관해서는 제아무리 플라톤이라 해도 뾰족한 답을 내놓지 못했답니다.

플라톤은 태양의 위대한 힘에 대해 이야기하기도 했어요. 어둠 속에서는 아무리 눈이 좋은 사람도 아무것도 볼 수가 없지요. 그러나 태양이 세계를 비추자 우리의 눈은 사물을 볼 수 있는 능력이 생긴 것이에요. 그러나 여기에 플라톤이 미처 생각지 못한 것이 있어요. 불이나 별빛, 그 당시에는 발명되지 않았던 전등은 어떻게 보아야 할까요? 빛만 있다면 사람은 사물을 볼 수 있으니까요. 그러나 플라톤은 태양만이 사물을 볼 수 있게 하는 유일한 존재로 꼽았답니다. 또한 태양이 빛을 비추기에 땅 위의 모든 생명이 자라고 번성한다고 생각했지요.

이념은 마치 태양과 같아서 세상만물에 생명을 불어넣어줍니다. 그 가운데 이데아의 세계에서 가장 높은 등급인 '선'의 이념은 만물을 지배해요. 또한 선은 인간에게 인지할 수 있는 능력을 주었답니다. 그렇다면 '선'이란 무엇일까요? 플라톤의 《대화편》을 보면 소크라테스는 다른 사람과 선에 대해 반나절이 넘도록 이야기하지만, 끝내 명확한 뜻을 찾아내지 못해요. 어쩌면 '선'을 이해하기에는 인간의 인식능력이 부족해서일 수도 있고, 마음속으로는 느낄 수 있지만 말로는 설명할 수 없는 것일 수도 있지요.

플라톤이 이야기하는 현상의 세계는 마치 동굴이나 암벽에 그림자가 비치는 것과 같아서 실재가 아닌 허상에 불과해요. 그런데 안타깝게도 사람들은 대부분 자기가 보는 그림자 세계가 진실이며 유일한 세계라고 믿지요. 우리가 보는 것은 진실한 이데아 세계의 그림자에 불과한데도 말이죠. 어떤 이는 우리가 보는 것은 책상이고 잔이지 '책상의 이념' 이나 '잔의 이념' 이 아니라고 플라톤의 논리에 반박하기도 했어요. 플라톤은 그의 말에 이렇게 대답했지요. "당신은 책상과 잔을 볼 수 있는 눈은 있지만, 책상과 잔의 본질을 볼 수 있는 정신을 사용한 적은 없구려."

플라톤이 이렇게 현상의 세계를 부정한 것은 사람들이 눈에 보이는 감각적인 세계에 현혹되지 않기를 바랐기 때문이에요. 또한 그는 인간의 이성으로 본질적인 것을 파악할 수 있기를 바랐답니다. 이런 면에서 플라톤은 이전의 철학자들보다 한 발 더 앞선 모습을 보여줍니다.

플라톤은 그의 스승 소크라테스와 마찬가지로 제자들에게 좋은 스승이자 친구였어요. 한번은 어느 제자의 결혼식에 가기 위해 길을 나섰어요. 그때 그의 나이는 이미 81세였답니다. 흥이 난 플라톤은 결혼식에 온 젊은이들과 함께 걷다 문득 피곤함을 느꼈어요. 조용한 모퉁이에 놓인 의자에서 플라톤은 잠시 쉬었다 가려고 했어요. 그러나 플라톤은 잠을 자듯 그렇게 조용히 세상을 떠났답니다.

플라톤은 그렇게 육체의 속박에서 벗어나 자신이 바라던 이데아의 세계로 달려갈 수 있게 되었지요. 그 역시 소크라테스와 마찬가지로 인간의 영혼은 죽지 않는다고 믿었으니까요. 플라톤은 죽음을 두려워하기보단 아마도 죽음 뒤의 세계를 기대하고 있었을 거예요.

네 번째 이야기

다양한 의미의 실체

BC 367년 어느 날 플라톤의 학원에 새로운 제자가 찾아왔어요. 이제 막 17세가 된 젊은이는 단정한 옷차림에 우아한 태도로 보아 귀족의 자제임이 분명했지요. 다만 억양이 어딘가 부자연스러운 것이 아테네 사람이 아닌 것 같았어요. 알고 보니 젊은이는 마케도니아의 통치를 받는 트라키아의 스타게이로스 출신으로, 그곳은 아테네 사람들이 싫어하는 곳이었지요. 이런 점 때문에 젊은이는 학원에 들어오자마자 많은 사람들의 시선을 끌었답니다.

그의 이름은 아리스토텔레스였어요. 그는 입학한 지 얼마 되지 않아 사람들에게 놀랄만한 재능을 선보였어요. 정치학, 시, 희극, 의학, 물리학, 생물학, 논리학, 역사, 자연학, 수학, 심리학, 수사학(修辭學) 등 모든 분야를 섭렵했으니 말이에요. 아리스토텔레스는 평생 수많은 책을 썼고 그 영역 또한 고대 그리스의 백과사전이라고 할 만큼 폭넓었어요.

그는 방대한 고대지식의 체계를 새롭게 세웠답니다. 그 가운데 '형이상학' 은 그가 가진 지식체계의 기초였어요. '형이상학' 의 연구대상은 우주의 본체로, 아리스토텔레스는 이 본체를 '실체' 라고 불렀지요. '실체' 에 관한 학설은 그의 모든 학설의 기초가 되었어요.

아리스토텔레스는 탈레스 이후 세계의 근원에 관한 철학사상을 모두 정리하기도 했답니다. 그가 쓴 글들은 오늘날 우리가 고대 그리스의 철학을 연구하는 데 있어 귀중한 자료로 쓰이고 있어요. 아리스토텔레스의 철학은 무려 천여 년 동안 서양사상계를 지배했답니다. 그런데 만약 아리스토텔레스의 책들이 사라졌다면 서양철학은 어떻게 되었을까요?

아리스토텔레스의 철학사상은 끊임없이 변화했고 어떤 것들은 앞뒤가 모순이 되는 내용도 있어요. 특히 그는 남의 단점을 찾아내 상대가 고개를 끄덕이게 만드는 재주가 있었는데, 정작 자신의 철학에도 적지 않은 결함이 있었답니다. 원래 남의 눈의 티는 보아도 자기 눈의 들보는 보기 어려운 법이니까요.

그런데 그런 사상적 결함은 모두 당시 시대의 특징과 관련이 있답니다. 결국 아리스토텔레스도 시대의 한계를 벗어나진 못한 것이지요. '실체' 에 관한 그의 학설은 앞뒤가 모순되어 있었어요. 그는 한편으로 시대의 한계를 극복하고 앞선 철학자들의 사상적 결함을 보완하려 했지만, 다른 한편으로는 자신이 처한 역사적 환경을 벗어날 수 없었던 것이에요.

아리스토텔레스는 플라톤이 주장한 '이념론' 의 근본적인 오류도 거침없이 지적했어요. 그는 '이념' 을 개별적인 사물을 벗어나 독립적으로 존재하는 것으로 보았답니다. 그는 이 세상에 진실로 존재하는 것은 말(馬)이나 탁자 같은 하나하나의 구체적인 사물이지, 플라톤이 말하는 '이념' 이 아니라고 주장했어요. 일반적인 성질의 것들이 독립적으로 존재할 수 없다면 그들은 대체 어디에 존재할까요? 아마도 그것들은 개별적인 사물 가운데 존재한다고 보는 것이 합리적인 논리일 것이에요. 그러나 안타깝게도 아리스토텔레스는 그렇게 생각하지 않았어요. 그는 일반적인 성질의 것들은 개별적인 사물 사이에 존재하지 않는다고 말했답니다. 그러나 일반적인 것들이 독립적으로 존재하지도 않고 개별적인 사물 가운데 존재하지도 않는다면 대체 어디에 있는 걸까요? 아리스토텔레스는 이 문제에 대해 정확히 이야기하지 않았고, 그의 모호한 변명은 중세기 스콜라 철학의 유명론과 실재론 사이에서 논란을 불러일으키게 되었답니다.

세계의 근원에 대해 연구하려면 세계가 어떻게 탄생하게 되었는가 하는 문제를 피해갈 수 없지요. 아리스토텔레스 역시 이 문제에 대해 연구한 다음, 앞선 철학자들의 사상을 종합한 '4가지 원인설' 을 내놓았어요. 모든 사물의 탄생과 발전은 4가지 원인에 의해 이루어지며 그 각각의 원인을 질료인(質料因), 형식인(形式因), 동력인(動力因), 목적인(目的因)이라 불렀답니다.

집을 한 채 짓는다고 생각해봅시다. 집을 지으려면 우선 벽돌과 기와, 나무, 돌, 물과 진흙, 철 등의 다양한 재료가 필요해요. 바로 이 재료들을 '질료인' 이라고 부르는 것이에요. 그리고 이 집을 지으려면 집을 지을 사람이 필요하겠지요. 바로 이 사람들을 '동력인' 이라고 해요. 또한 이 집을 지을 때는 어떤 스타일로 지을지, 크기는 어떻게 할지를

알아야 하며 이 집이 주거용으로 쓰일지, 사무실이나 교실로 쓰일지를 알아야 하지요. 그 가운데 전자를 '형식인' 이라 하며 후자를 '목적인' 이라고 해요.

아리스토텔레스는 사물을 구성하는 재료는 소극적이며 피동적이어서 스스로 만물을 만들 수 없고 형식으로 규정지어야만 개별적인 사물을 만들 수 있다고 주장했어요. 이처럼 형식은 재료에 앞서야 하며 개별적인 사물보다 먼저 존재해야 해요. 사실 이는 플라톤의 '이념론' 과 근본적으로 전혀 차이가 없답니다.

아리스토텔레스의 '4가지 원인설' 은 사람이 사물을 만들었다는 명제에 적용하면 아무 문제가 없어요. 그러나 우주를 들어 이야기하면 문제가 달라져요. 만약 지구가 만들어진 것이라면 반드시 이 지구의 생성에 대한 '동력인' 인 창조자가 존재한다는 것인데, 이 창조자가 누구란 말인가요? 또한 지구가 만들어진 목적을 찾는다면 과연 우주가 만들어진 목적은 무엇일까요? 누가 이 문제에 대해 분명히 말할 수 있나요?

세계의 근원에 대해 깊이 파고들던 아리스토텔레스는 신의 문제에 이르렀어요. 신은 사상이자 일종의 순수한 형식을 띠고 있으며 재료를 규정할 수 있는 존재이지요. 게다가 신은 세상만물이 추구하는 완벽한 선과 아름다움을 가진 존재이니만큼, 사물이 운동하고 변화하는 원인이 되지요.

모든 문제를 신에게 안겨주고 나면 사람들이 고민하던 문제는 전부 해결된 것 같지요. 전지전능한 신이 해결하지 못할 일이 어디 있겠습니까? 그러나 신은 어디에서 왔을까요? 우주의 비밀과 비교하자면 신은 더욱 신비로운 대상이에요. 이는 더 큰 비밀로 비교적 작은 비밀을 해결하는 것과 같지요.

세계의 근원에 대한 아리스토텔레스의 해석은 우리가 느낄 수 있는 구체적 사물에서 출발해 플라톤의 이념과 비슷한 형식이 되더니 다시 신의 존재로까지 이어졌어요. 근원에 대해 설명할수록 점점 더 추상적이고 신비롭게 되고 만 것이에요. 그의 시작은 플라톤에 대한 비판이었지만, 그 끝은 결국 플라톤과 같은 지경에 이르게 된 것이지요. 아마 이런 상황은 아리스토텔레스 자신도 전혀 예상하지 못했을 것이에요.

아리스토텔레스는 아카데메이아에서 20년을 머물렀지만 그의 신분 때문에 결국 곤경에 처했어요. 그가 타지 사람이라는 사실은 결코 변하지 않는 것이었으니까요. 플라톤이 죽은 뒤 아리스토텔레스는 자신이 스승의 학원을 이어받을 것이라 굳게 믿었어요. 그러나 어처구니없게도 학원은 플라톤의 조카에게 넘어갔지요. 상심한 아리스토텔레스는 아테네를 떠났고 훗날 알렉산더 대왕의 스승이 됩니다.

BC 335년 아리스토텔레스는 아테네로 돌아와 리케이온에 자신의 학원을 세웠어요. 그리고 이 학원을 플라톤의 아카데메이아와 맞먹을 정도로 규모가 큰 학교로 키우지요. 당시 그는 이미 명망이 있고 자신의 일에서 성공한 인물이었지만, 정처 없이 이곳저곳을 떠도는 상황은 나아지지 않았답니다. 그는 알렉산더 대왕의 스승으로서 그의 변호를 해야 했던 데다 알렉산더 대왕의 도움으로 여러 자료를 수집해야 했기 때문이에요. 마케도니아를 싫어했던 아테네 사람들은 아리스토텔레스를 좋지 않은 시선으로 보았어요. 설상가상으로 아리스토텔레스의 조

세계의 근원에 대해 깊이 파고들던 아리스토텔레스는 신의 문제에 이르렀어요.

카가 알렉산더 대왕은 신이 아니라고 부정하는 사건까지 벌어졌지요. 조카는 결국 사형에 처해졌고 그 일로 아리스토텔레스까지 곤란하게 되었답니다. 아테네와 마케도니아 사이에 낀 아리스토텔레스는 이러지도 저러지도 못하는 상황에 빠져 극심한 불안에 시달리게 되었어요.

BC 323년 알렉산더 대왕이 갑자기 숨을 거두자 아테네에서는 마케도니아에 반대하는 분위기가 고조되었어요. 또한 아리스토텔레스를 잡아들여야 한다는 목소리도 높아졌지요. 억울하게 죽은 소크라테스를 떠올린 아리스토텔레스는 아테네에서 도망쳤지요. 그러나 끝내 죽음을 피해갈 수 없었어요. 아테네를 떠난 지 1년도 채 못 되어 아리스토텔레스는 병으로 세상을 떠나고 맙니다.

불과 1년이라는 짧은 기간 동안 그리스는 가장 위대한 국왕과 철학가를 잃고 말았어요. 한때 반짝이던 그리스의 역사는 다시는 반복되지 않았어요. 철학 역시 점점 침체에 빠져 천 년을 기다린 뒤에야 비로소 다시 부흥할 수 있었답니다.

고대 그리스 철학과는 여기서 작별해야겠네요. 고대 그리스인들은 한때 그들의 철학으로 서양세계를 정복했지만, 점차 쇠락하더니 다시는 일어나지 못했답니다. 오늘날까지도 그리스는 옛 명성을 회복하지 못하고 있어요. 그러나 그리스는 여전히 철학가들에게 언젠가 돌아가야 할 영원한 마음의 고향이랍니다.

다섯 번째 이야기

전지전능한 하느님

사람들은 오늘날까지 어떤 신이 세계를 창조했다는 이야기를 수도 없이 만들어냈어요. 그러나 그 가운데 가장 유명한 이야기는 기독교의 창세기일 거예요. 창세기에 따르면 우주가 아직 생기기 전에 어둠만이 끝도 없는 혼돈의 공허를 뒤덮고 있었어요. 하느님은 6일 동안 세계를 창조한 뒤 7일째 되던 날 쉬었지요. 하느님은 이 마지막 날에 축복을 주었고, 사람들은 7일째인 일요일을 일을 멈추고 안식하는 날로 삼았지요. 창세기의 하느님은 몇 마디 말로 천지만물을 창조한 전지전능한 존재지만, 그러나 모든 사람들이 하느님을 믿기에는 그것만으로는 부족했답니다.

일종의 종교 신앙으로서 기독교인들에게 하느님은 더 설명하거나 의심할 필요가 없는 확실한 존재이지만, 믿지 않는 사람들의 눈에는 하느님의 존재가 의심 그 자체였지요. 그들은 이렇게 물어요.

창세기의 하느님은 몇 마디 말로 천지만물을 창조한 전지전능한 존재지만, 그러나 모든 사람들이 하느님을 믿기에는 그것만으로는 부족했답니다.

"만약 하느님이 진정으로 존재한다면, 나는 왜 느낄 수가 없는 건가요?"

중세기의 기독교는 매우 독단적이었어요. 그들은 신성(神聖)의 외투를 걸치고 가혹한 통치를 펼쳤어요. 하느님께 복종해야 한다는 그들의 말은 사람들에게 교회의 권위에 복종할 것을 강요하는 것이었지요. 그러나 공포와 압박, 심지어 학살까지 자행하는 그들의 강경한 태도를 보고 제대로 하느님을 믿을 사람은 없었어요. 오히려 사람들의 반감을 일으켰지요.

중세기에 철학은 마른 꽃처럼 시들어 있었어요. 고대 그리스인들의 빛나는 학문으로 활짝 피었던 철학의 꽃은 교회의 발밑에 밟혀 신학의 부속물이 되고 말았어요. 많은 사람들이 철학을 기독교에 설득력을 덧입히는 도구로만 사용했지요. 그런 사람들 가운데 가장 유명한 사람이 바로 '천사박사(天使博士)' 라고 불리는 토마스 아퀴나스(Thomas Aquinas, 1225년경~1274)예요. 중세 유럽의 스콜라 철학을 대표하는 이탈리아의 신학자이지요.

1225년경 이탈리아의 유서깊은 귀족가문에서 태어난 토마스 아퀴나스에게는 여섯 명의 형이 있었는데 하나 같이 활약이 대단한 장군들이었답니다. 아퀴나스는 모든 형제들 가운데 체격이 가장 당당했지만 무력을 싫어했어요. 그는 뜻을 세우고 수도사가 되기로 결심해요. 가족들은 그가 수도사가 되는 것이 가문의 명예에 먹칠을 하는 것이라며 반대했어요. 형들처럼 기사가 되든지, 그것도 정 안 되겠다면 교회의 주교(主教)라도 되어야 귀족 신분에 어울린다고 말했지요.

그러나 아퀴나스는 충실한 하느님의 종이 되고 싶을 뿐, 지도자가 될 생각은 없었어요. 결국 가족들은 아퀴나스가 도미니코회의 신부와 연락하지 못하도록 가둬버렸답니다. 그들은 어떻게든 아퀴나스의 마음을 돌려보려고 미인을 보내 그를 유혹하게 했어요. 그러나 아퀴나스의 결심은 변하지 않았고 가족들도 결국 그의 뜻에 따를 수밖에 없었답니다.

아리스토텔레스를 무척이나 추앙했던 아퀴나스는 그의 철학을 이용해 신학에 대한 근거와 새로운 해석을 내놓았어요. 아퀴나스에게 신학은 가장 높은 경지의 학문이었고, 모든 철학적 사유는 하느님을 이해하기 위해 존재했어요. 그는 이 세상 만물이 하느님에 의해 창조되었다는 사실을 전혀 의심하지 않았답니다. 그는 자신이 하느님을 믿으니 당연히 하느님도 존재한다고 생각했지요. 그러나 많은 사람들이 하느님의 존재를 인정하지 않는 것을 본 아퀴나스는 아리스토텔레스의 철학사상을 이용해 하느님의 존재를 입증했어요.

아퀴나스 이전의 신학자로 스콜라 철학의 두 번째 시조로 불리는 안셀무스(Anselmus, 1033년경~1109)는 하느님의 존재를 존재론을 통해 증명하려 했어요. 그는 사람은 태어날 때부터 마음속에 하느님에 대한 개념과 신은 무엇과도 비교할 수 없는 위대한 존재라는 개념이 자리 잡고 있다고 단언했지요. "만약 사람의 마음속에 하느님은 가장 위대하고 완벽하며 전지전능한 존재란 생각이 자리 잡고 있다면, 분명 현실 속에도 하느님

만약 사람의 마음속에 하느님은 가장 위대하고 완벽하며 전지전능한 존재란 생각이 자리 잡고 있다면, 분명 현실 속에도 하느님은 존재하는 것이다.

은 존재하는 것이다." 안셀무스는 이렇게 하느님에 대한 개념을 통해 하느님이 실제로 존재한다는 결론을 이끌어낸 것이에요.

그러나 아퀴나스는 이런 안셀무스의 견해를 인정하지 않았어요. 우선 사람의 머릿속에 태어날 때부터 하느님의 개념이 있다는 것이 이치에 닿지 않는다고 보았지요. 사실 이 명제의 오류는 누구나 쉽게 발견할 수 있는 것이에요. 세계의 수많은 민족들이 하느님이란 신이 있다는 것조차 모르고 살아가고 있으니까요. 그들은 하느님에 대해 보지도 듣지도 못했는데 어떻게 태어날 때부터 마음속에 하느님이 존재할 수 있지요? 또한 만약 모든 사람의 머릿속에 태어날 때부터 하느님이 존재한다면 왜 어떤 사람은 하느님을 믿고 어떤 사람은 믿지 않을까요?

아퀴나스는 하느님의 창조물을 통해서만 하느님의 존재를 증명할 수 있다고 믿었어요. 그는 말했어요. "우리는 사물이 움직이는 것을 느낄 수 있다. 그러나 모든 운동은 그 운동을 촉진하는 존재가 있게 마련이다. 이로 미루어 보면 반드시 궁극적으로 움직이지 않는 촉진자가 있고 그 첫 번째 촉진자가 하느님인 것이다."

아퀴나스는 어떤 사물도 자신에게서 원인을 찾을 수 없으며 다른 사물이 동력인이 된다고 보았어요. 그러나 이 사물도 또 다른 사물의 원인이 되므로 이렇게 유추해보면 결국 최초의 원인이 있어야만 하지요. 바로 이 최초의 원인이 하느님인 것이에요. 또한 아퀴나스는 세상의 모든 사물에 태어남과 죽음이 있다는 사실을 발견했어요. 그들은 일종의 존재가 가능한 것들로서 존재할 수도 존재하지 않을 수도 있는 것이에요. 그러나 분명히 필연적인 존재가 있다면 이 존재는 모든 존재할 수도, 존재하지 않을 수도 있는 사물을 현실 속에서 필연적으로 존재할 수 있게 만들어주는 것이지요. 바로 그 존재가 하느님인 것이에요.

이외에도 사물은 어느 정도의 진실함과 선, 아름다움을 품고 있게 마련이에요. 우리도 종종 "이 사람이 저 사람보다 예쁘다." "이게 더 좋고 저건 별로다."라고 이야기하듯 말이지요. 이렇게 서로 비교할 수 있는 등급이 있다면 이는 가장 아름답고 진실 되며 선한 최고의 등급도 존재한다는 뜻이 되지요. 바로 그 존재가 하느님인 것이에요.

게다가 모든 사물은 어떤 목표를 향해 나아가며 그들의 활동 역시 목적을 갖고 있어요. 그러나 이 목적이 있는 활동은 반드시 어떤 이성적인 존재의 지도를 받아야 가능하지요. 그 존재가 바로 하느님인 것이에요. 어떤가요? 아퀴나스가 심혈을 기울인 이 증명이 기꺼이 하느님을 인정할 수 있도록 당신의 마음을 움직였나요?

여섯 번째 이야기

남몰래 움직이는 절대정신

헤겔(Georg Wilhelm Friedrich Hegel, 1770~1831)은 철학자들 가운데 비교적 대기만성형에 가까운 인물이에요. 지혜의 상징인 부엉이는 늘 황혼 무렵에 날개를 편다는 그의 말처럼 말이지요. 1770년 독일 남부 뷔르템베르크 공국의 슈투트가르트에서 태어난 헤겔은 앞에서 언급했던 철학자들과 비교하면 타고난 재능을 가진 인물은 아니었어요. 그의 학문은 모두 한 발 한 발 착실히 쌓아나간 것들이지요. 그의 친구들과 비교해도 뜻을 늦게 이룬 편이었답니다. 셸링(Schelling, 1775~1854, 독일의 철학자로 칸트, 피히테를 계승해 헤겔로 이어 주는 독일 관념론의 대표적 인물), 실러(Schiller, 1759~1805, 독일의 시인 · 극작가), 괴테(Goethe, 1749~1832, 독일의 시인 · 극작가 · 정치가 · 과학자, 독일 고전주의의 대표자이자 세계적인 문학가이며 자연연구가) 같은 친구들이 이미 이름을 널리 알렸을 때 그는 여전히 생계를 위해 가정교사를 하며 중학교 교장겸 교사로 근무하고 있었답니다.

결혼도 보통 사람들보다 늦은 편이었지요. 물론 평생 독신으로 지내는 철학자들이 많은 것에 비하면 행복한 가정을 꾸린 헤겔은 다행이라고나 할까요. 헤겔은 40세가 되어서야 20세의 어린 신부를 맞이했답니다. 그녀는 헤겔의 뛰어난 재능과 경력에 반했지요. 헤겔이 결혼한 뒤 이런 말을 한 것도 어쩌면 당연해요. "일자리가 있고 사랑하는 아내가 있으니 인생을 살며 사내가 더 이상 바랄 것이 있겠는가?"

그렇다고 해서 당시 헤겔에게 아쉬운 점이 없었다면 거짓말일 것이에요. 그는 이곳저곳을 떠돌며 철학과는 거의 상관이 없는 일을 해야만 했으니까요. 그러나 그는 한 번도 철학에 대한 연구를 포기하지 않았답니다. 그렇게 세월이 흘러 헤겔은 점차 적지 않은 철학적 성과를 쌓았어요. 방대한 철학적 체계를 세우기 위한 준비가 되어 있었던 셈이지요. 누군가 불러주기만 한다면 쏟아내고 싶은 말이 너무나 많았어요. 그에 적합한 대학교수가 되는 것은 그가 줄곧 소망하던 일이었지요.

그리고 행운의 여신이 드디어 헤겔에게 손짓을 했어요. 결혼 후 6년 뒤인 1816년 헤겔은 그렇게 바라던 꿈을 이루게 됩니다. 그는 하이델베르크 대학의 교수가 되었고, 2년 뒤에는 베를린 대학의 교수가 되었답니다. 오랜 세월 변변히 이름 한 번 알리지 못했던 헤겔에게도 그의 인생 최고의 황금기가 찾아온 것이죠.

헤겔은 '절대정신'을 세계의 근원으로 보았어요. 절대정신은 정신적인 것이지만 인간의 뇌에 의지하지 않고 객관적으로 존재하는 것이에요. 얼핏 듣기에는 하느님과 비슷하기도 하지요. 사실 헤겔 역시 하느님의 존재에 대해 부정한 적이 없어요. 그러나 그가 말하는 절대정신은 기독교에서 말하는 세상만물을 초월해 저 높은 곳에 있는 인격화된 하느님과는 달라요. 절대정신은 세상에 있는 것을 초월하지 않으며 세상만물 사이로 스며드는 존재예요. 세상의 모든 만물은 자연계에서부터 인간사회 심지어 사람의 정신현상까지 모두 절대정신에 의해 만들어지지요.

칸트(Immanuel Kant, 1724~1804, 서유럽 근세철학의 전통을 집대성하고 전통적 형이상학을 비판하며 비판철학을 탄생시킨 독일의 철학자)의 철학 속에서 자유와 공화국은 영원히 실현될 수 없는 인류의 꿈에 불과해요. 어쩌면 피안의 세계에서나 가능한 일이지요. 그러나 프랑스 자산계급의 승리를 직접 목격한 헤겔은 자유와 평등 모두 실현 가능한 것이라 믿었답니다. 또한 그것들이 가능한 이론적 근거를 찾기 위해 노력했지요.

그는 '절대정신' 속에 자유와 평등의 의미가 내포되어 있으므로 이런 객관적 정신으로 이루어낸 자산계급혁명은 합리적인 것이라고 생각했답니다. '절대정신' 은 자신을 인식하고 자아를 실현하며 운동을 변증할 수 있는 일종의 존재이기에 이를 통해 모든 세계가 태어나는 것은 당연한 일인 것이죠. 헤겔은 이런 '절대정신' 을 바탕으로 사람들이 깜짝 놀랄만한 객관적 유심주의 체계를 구축했으며, '절대정신' 의 자아발전 3단계를 주장했어요.

첫 번째 단계는 자연계와 인간의 탄생 이전으로, 당시의 '절대정신' 은 순수한 개념이었어요. 어떤 감성이나 물질의 성분에도 오염되지 않은 순수한 사유의 형식이었지요. 절대정신을 구성하는 각각의 범주는 모두 밀접하게 연결되어 있어 그들이 함께 '절대정신' 을 구성했답니다. 하나하나 연결된 범주는 어느 것 하나 빠져서는 안 됩니다. 그러나

순수한 개념을 포함한 범주는 나선형의 방식으로 올라가며, 추상적인 것에서 구체적인 것으로 도달하게 됩니다.

'절대정신' 이 자아를 펼치려면 동력이 필요한데, 헤겔은 이 동력을 '내재된 부정성' 으로 보았답니다. 간단히 말하자면 바로 '모순' 이지요.

내재된 부정성에 대해 헤겔은 긍정과 부정 모두 절대적인 것은 아니라고 보았어요. 긍정 속에는 부정의 성분이 담겨 있고, 부정 속에는 긍정의 성분이 포함되어 있다는 것이지요. 대립면 사이에 다툼이 벌어지고 있다는 헤라클레이토스의 말처럼 말이에요. 모든 사물은 정(正)과 반(反) 양쪽을 모두 갖고 있게 마련이에요. 생명의 개체를 예로 들어보면 삶이라는 한 면이 있다면 반드시 죽음이라는 한 면도 존재할 수밖에 없지요.

헤겔은 정 안에 이미 부정적인 측면이 포함되어 있다고 보았어요. 즉 정이 있으면 반이 있게 마련이고 반에도 긍정의 측면이 있는 것이죠. 이 정과 반이 내적인 요인을 극복하고 합(合)을 이루게 됩니다. 그러면 합은 다시 새로운 정이 되는 것이지요. 이렇듯 순수한 개념을 포함한 범주는 나선형의 방식으로 올라가며 한 발 한 발 추상적인 것에서 구체적인 것에까지 도달하게 됩니다.

아주 간단한, 어떠한 규정성도 없는 '순수한 존재' 에서 출발해 범주가 앞으로 나아감에 따라 그 내용은 더 풍성해지고 마지막 범위인 '절대정신' 에 이르렀을 때 내용은 가장 풍성해집니다. 왜냐하면 절대정신은 이전에 경험한 모든 범주를 포함하고 있기 때문이에요. 결국 이전의 모든 범주의 발전은 마지막 절대정신의 탄생을 위한 준비인 셈이지요.

그리고 이런 정, 반, 합의 방법을 변증법(辨證法)이라고 해요. 헤겔은 모든 철학체계 속에 언제나 이 변증법의 원칙을 철저히 실현시켰어요. 이것이 바로 헤겔철학의 가장 큰 특징이며 남보다 뛰어난 점이에요. 마르크스의 변증법에도 헤겔의 사상적 요소가 포함되어 있답니다. 또한 마르크스는 《자본론(Das Kapital)》을 집필할 당시 헤겔이 쓴 《논리학(Wissenschaft der Logik)》의 방법을 참고하기도 했어요.

두 번째 단계는 '절대정신'이 자연계로 변화되는 것이에요. 헤겔은 첫 번째 단계의 '절대정신'은 순수하고 추상적이며 비현실적인 존재라고 설명했지요. 이런 절대정신이 자아를 실현하기 위해서는 반드시 자신의 대립면으로 바뀌어야 하는데, 변화된 절대정신은 순수하지 않으며 구체적이고 현실적인 존재인 자연계가 되는 것이에요. 그러나 '절대정신'이 어떻게 자연을 만드는가에 대해서는 헤겔 역시 다른 철학자들과 마찬가지로 명확한 해석을 내놓지 못했답니다.

헤겔의 정, 반, 합의 변증법 원칙인 '절대정신'은 자연계라는 발전단계에 머물 수 없으며 사유의 영역을 다시 회복하게 되는데 이것이 바로 세 번째 단계예요. 헤겔은 '절대정신'이 철학 속에서 결국 자신을 인식하게 된다고 주장했어요. 또한 철학사는 '절대정신'이 인간의 이성과 개념을 통해 자신을 인식해가는 과정이라고 말했지요. 그는 철학사를 절대정신의 발전과정으로 보았으며 가장 풍성하고 구체적인 철학체계로 자신의 철학을 꼽았어요. 다시 말해 '절대정신'은 결국 헤겔의 철학체계 안에서 자신을 인식하게 된다는 뜻이에요.

되짚어보면 헤겔의 인생은 비교적 원만한 편이었어요. 가정이나 일, 명예, 친구 모두 갖고 있었으니까요. 자신이 세우고자 했던 철학체계도 제대로 세웠는데 다른 불만이 있었을까요? 헤겔은 59세에 베를린 대학의 총장이 되었고, 많은 사람들의 존경을 받았어요. 그의 철학은 사람들에게 환영 받았고 강의를 할 때면 강의실에는 빈자리가 없을 정도였지요. 당시 헤겔은 자신이 하고 싶은 일은 모두 할 수 있었어요. 1830년 8월 27일 헤겔은 인생에서 가장 행복한 생일을 맞았답니다. 마침 그의 친구 칸트 역시 같은 날 생일이니 이보다 더 좋을 수는 없었지요. 그러나 꽃이 피는 시절이 잠시인 것처럼 행복한 시절도 잠시일 수밖에 없는 걸까요? 다음해 여름 베를린에는 콜레라가 유행했어요. 더 이상 여한이 없으면 죽는 것도 두렵지 않은 걸까요? 아니면 병에 대한 상식이 부족했던 걸까요, 혹은 그의 꿈을 이룬 베를린을 떠나기 아쉬웠던 걸까요? 헤겔은 콜레라가 도시를 휩쓸고 있을 때도 베를린을 떠나지 않았답니다. 그저 가족과 함께 가까운 교외로 몸을 피한 것이 전부였지요. 결국 콜레라에 감염된 헤겔은 얼마 지나지 않아 세상을 떠나고 말았어요.

천지만물의 생성

'Philosophy' 는 고대 그리스어에서 지혜를 사랑한다는 뜻을 지니고 있었어요. 그러나 이 단어가 중국에 전해진 뒤 '철학' 이란 말로 번역되었지요. 중국 한자의 '철(哲)' 에는 총명하고 지혜롭다는 뜻이 담겨 있어 그리스어의 뜻과 비슷했기 때문이에요. 중국의 《설문(說文)》이란 책에 보면 '철은 아는 것이다.(哲, 知也)' 라는 말이 나와요. 또한 《이아(爾雅)》란 책에는 '철은 지혜이다.(哲, 智也)' 라는 구절도 나오지요.

중국에는 먼 옛날부터 철학이 존재했어요. 다만 중국의 철학자들은 후대 사람들이 그들을 철학자라는 칭호로 불러주었다는 점에서 서양과는 차이가 있지요. 그들은 자신의 뜻을 책으로 쓰면서도 서양 철학자들처럼 자신이 철학자라는 사실을 자각하지 못했답니다. 그런 이유 때문인지 자신만의 사상을 밝힐 때에도 비교적 체계화된 철학이론이 없었지요.

첫 번째 이야기

천지만물의 '도(道)'

노자(老子)는 중국 철학사에서 가장 먼저 우주근본의 문제를 이야기한 인물이에요. 그가 등장하기 전까지 사람들은 하늘이 만물의 아버지라고 굳게 믿었답니다. 그렇다면 하늘이란 어디에서 온 것인가를 연구하던 노자는 하늘 이전에 존재한 더 근본적인 무언가가 있으리라 생각했지요. 그 무언가가 바로 '도(道)' 예요.

그렇다면 대체 '도' 란 무엇일까요? 노자는 이런 명언을 남겼어요.

"도를 도라 부를 수 있으면 영원한 도가 아니고, 이름으로 부를 수 있는 이름은 영원한 이름이 아니다." (道可道, 非常道, 名可名, 非常名)

사실 천지의 근본이 된다는 '도' 는 우리가 평소에 말하는 '도로(道路)' 나 '대도(大道)' 를 뜻하지 않아요. '도' 는 형체가 있는 천지를 낳고 천지는 다시 세상만물을 낳았지만 모두 눈으로 볼 수 있는 형체가 있는 것이지요. 그러나 '도' 는 본래 형체가 없으며 우리 인류가 가진 감각기

도를 도라 부르면 더 이상 도가 아니고, 이름을 이름이라 하면 더 이상 이름이 아니다.

관의 범위를 초월한 존재랍니다. 세상만물은 사람이 이름을 짓고 특별한 뜻을 부여할 수도 있지만, '도'는 우리가 이름 지을 수 없으며 '도'라고 말할 수도 없는 것이에요. 만약 '도'가 천지만물처럼 우리가 이름 짓고 말할 수 있는 존재라면, 우주만물을 낳고 기르는 영원한 '도'일 리 없기 때문이지요.

다시 말해 '도'란 마음으로 느낄 수는 있어도 말로는 설명하기 어려운 존재이지요. '도'는 만물을 낳고 키우며 만물을 초월해 독립적으로 존재하지만, 동시에 만물 사이에 폭넓게 존재하며 만물과 같은 시간과 공간 안에 존재하되 시간과 공간을 뛰어넘는 존재랍니다. 천지만물은 '도'에 의지해 존재하지만 '도'는 만물을 지배하지 않아요. '도'는 자신의 뜻을 자연에 강요하지 않으며 오히려 스스로 자연의 규율에 순응한답니다. 이처럼 노자의 '도'는 정말로 모순 속에서 그 심오한 뜻을 드러내는 것 같네요. 그러나 노자가 '도'에 대해 이야기하길 꺼렸기 때문에 우리도 '도'의 몇 가지 특징만으로 그 뜻을 미루어 짐작해볼 수밖에 없답니다.

노자는 '도'란 무엇인가에 대해서는 언급하지 않았지만, 어떻게 세상 만물이 탄생하는가에 대해서는 이야기한 적이 있어요.

"도는 일을 낳고 일은 이를 낳으며 이는 삼을 낳고 삼은 만물을 낳는다. 만물은 음을 지고 양을 안아 충기로 조화를 이룬다." —《노자》42장

(道生一, 一生二, 二生三, 三生萬物, 萬物負陰而抱陽, 冲氣以爲和)

다시 말하면 '도'에서 혼돈이 태어나며 혼돈은 음과 양을 낳고 음과 양은 다시 하늘과 땅, 사람을 낳으니 이것이 곧 만물이 된다는 것이지요.

사실 정확히 설명할 수 없는 것은 '도'뿐만 아니라 노자도 마찬가지예요. 우리가 그에 대해 아는 것이라고는 도가학파의 창시자라는 것뿐이니까요. 대체 그가 누구인지 언제 태어났는지, 심지어《노자》가 그가 직접 쓴 책이 맞는지조차 실제로 증명하기 어렵답니다. 고대 그리스의 철학자들처럼 이미 시간이 너무 많이 흘렀고, 잃어버린 저서도 많기 때문에 대부분의 사실은 미루어 짐작할 수밖에 없지요.

오늘날처럼 시간이 흘러 조사하기 어렵다기보다는 전한의 역사가인 사마천(司馬遷, BC 145년경~BC 86년경)이《사기(史記)》를 쓰던 때에도 이미 노자가 누구인지에 대해서는 분명치가 않았답니다. 사마천은 노자임이 유력한 인물로 세 명을 꼽았는데 첫 번째 인물이 공자(孔子, BC 551~BC 479, 유교의 시조)와 같은 시대에 살았지만 공자보다 조금 일찍 태어난 노담(老聃)이며, 두 번째가 공자와 같은 시대에 산 노래자(老萊子)이고,

세 번째가 전국시대의 태사담(太史儋)이에요.

오늘날 우리가 일반적으로 노자라고 보는 사람은 노담으로, 성은 이(李)이고 이름은 이(耳)이며, 초나라 고현(苦縣, 지금의 허난(河南) 루이현(鹿邑縣))에서 태어난 사람이에요. 한때 동주(東周)에서 국가의 도서를 관리하는 수장사(守藏史)로 일했으며 견문이 넓고 학식이 풍부한 사람으로 전해지고 있지요. 공자가 그에게 주례(周禮)에 대해 가르침을 구한 적이 있다는 기록을 통해 사람들은 노자가 공자보다 일찍 태어났으리라고 추측하는 것이랍니다. 또한 말년에는 은둔하며 《노자》를 썼다고 해요. 그러나 송나라와 근대 학자들의 검증에 따르면 《노자》는 도가의 제자들이 노담의 사상에 근거해 기록했으며 대략 전국시대 1년에 완성되었다고 보고 있어요. 《논어(論語)》가 공자의 제자들이 그의 사상을 정리하고 기록한 것처럼 말이에요.

노자에 대해 이야기하다 보면 장자(莊子, BC 369년경~BC 289년경)를 언급하지 않을 수 없는데요. 그는 노자의 도가를 계승한 대표적인 인물이기 때문이지요. 그의 많은 사상은 노자의 주장을 계승하거나 발전시킨 것으로써 후대 사람들은 종종 두 사람을 함께 묶어 노장(老莊)이라고 불러요.

장자의 이름은 주(周)이며 송나라 몽읍(蒙邑, 지금의 허난(河南) 상치우현(商邱縣)) 사람이에요. 《사기》에 보면 한때 옻나무 밭을 관리하는 하급관리로 일했던 그는 얼마 되지 않아 은둔하기 시작했다고 해요. 권력이나 힘 있는 사람들을 멀리했기 때문이지요. 그의 뛰어난 재능을 알아본 초나라 위왕(威王)이 천금을 주며 재상을 맡아줄 것을 부탁했다는 이야기도 전해지는데, 장자는 왕의 사자(使者)에게 이렇게 말했다지요.

"천금은 무겁고 재상은 높은 자리이오만 저기 제사에 쓰이는 소들을 보시오. 몇 년 동안 잘 먹이고 보살피지만 결국 제사상에 올려지지 않소. 그때가 되면 차라리 자유로운 돼지가 되려고 해도 불가능하지요. 나는 차라리 작은 물고기가 되어 진흙탕 물에 뒹굴며 자유를 즐길지언정 군주의 속박을 받고 싶진 않소."

결국 장자는 평생 벼슬자리에 나서지 않고 은둔하며 살았답니다. 생활은 단출하고 평소에는 거친 밥을 먹으며 짚신을 만들어야 생활을 할 수 있었지만, 누구보다 자유로운 생활이었지요.

장자 역시 근본은 '도'라고 여겼지만 노자와는 차이점이 있었어요. 노자는 도(道)와 무(無), 두 개념을 함께 묶어서 설명했어요. "도는 만물을 낳는다." 이는 무에서 유(有)가 생겨난다는 뜻이에요. 그러나 장자는 '무'든 '유'든 정확히 정의를 내릴 수 없으며 우주에 시작이 있다고 할 수 없다고 생각했지요. 세계가 어디에서부터 시작했는지 분명하지 않기 때문이에요. 만약 우주에 시작이 있다면 그 전은 무엇이었을까요? '무'일까요? 아니면 '유'일까요? 이는 구별해낼 방법이 없으며, 인간의 지혜가 상상할 수 있는 수준을 초월한 것이에요. 그런 이유 때문에 장자는 우주의 생성에 관해 언급할 때 '도'만 논할 뿐, '무'는 입에 올리지 않았답니다.

'도'란 대체 무엇일까요? 그 문제에 대해서는 잠시 뒤에 이야기하기로 하지요. 서양 철학자 스피노자는 이런 명제를 내놓은 적이 있어요. "규정은 즉 부정이다." 다시 말해 개별적이고 구체적인 사물은 한계가 있는데, 우리가 어떤 사물을 규정하면 그 사물은 다른 사물과 구별이

'도' 란 물질이 아닌 실체일 거예요.

생겨서 다른 사물을 부정하게 된다는 뜻이에요. 예를 들어 "김씨는 키가 크고 날씬하다."라고 말하는 동시에 다른 사람에게 "김씨는 뚱뚱하지도 않고 키가 작지도 않다."라고 말할 수도 있다는 것이지요.

반대로 만약 하나의 똑같은 사물이 있다 해도 그것을 정확히 규정하거나 형용할 방법이 없다면 방식을 바꿔서 표현하는 것이 낫겠지요. 천지의 근본이 되는 '도' 가 그 좋은 예로 노자는 '도' 에 대해 표현할 방법이 없다고 했지만 이해할 수는 있지요. 즉, '도' 에는 우주만물과는 다르다는 구별이 있기에 그 실체를 규정할 수도 있다는 뜻이에요.

예전 사람들은 한 가지 혹은 여러 가지 형체가 있는 물질(예를 들어 금속(金), 나무(木), 물(水), 불(火), 흙(土))을 들어 세계를 설명했어요. 그러나 장자는 형체가 있는 것들이 어떻게 만물의 근본이 될 수 있는지에 대해 의문을 가졌답니다. 형체가 있는 것들은 본래 한계가 있어 세계의 다양성을 설명할 수 없으니까요. 만물의 진정한 근본이 되는 '도' 는 한계가 없으며 영원하고, 과거로부터 지금까지 존재해왔으며 귀신과 천지를 낳았지요. '도' 는 형체가 없으며 인간의 감각기관을 초월하고 직접 볼 수도 만질 수도 없지만, 존재하는 것만은 분명해요. 그러므로 '도' 란 물체가 아닌 실체일 거예요.

사실 우주의 근본이 '도' 인지 아닌지, 혹은 '도' 가 실제로 존재하는지 아닌지에 대해서는 아직도 논쟁의 여지가 있어요. '도' 가 존재하는지 아닌지를 확인할 수 없다면 '도' 가 무엇인지에 대해 따지는 것도 큰 의미는 없겠지만요.

노장의 '도' 에 대해 좀 더 정확히 말하자면, 노자와 장자 모두 천지 만물은 같은 뿌리를 갖고 있다고 생각했다는 것이에요. 그들이 보기에 이 뿌리는 오행(우주 만물을 이루는 다섯 가지 원소로 금, 물, 불, 나무, 흙) 가운데 어느 하나이거나 몇 가지가 아니며, 우주만물 가운데 어느 하나도 아니었어요. 눈으로 볼 수 있고 이름을 붙일 수 있는 사물은 인간처럼 한계가 있어 '뿌리' 의 큰 임무를 담당할 수 없기 때문이에요. 이 뿌리가 눈에 보이지 않는다면 더 이상 무어라 설명할 방법도 없어요. 그러나 만물과 '도' 를 비교하는 과정을 통해 그 성질에 대해 알 수 있는 것들이 있지요. 바로 이런 성질들이 드러내는 것이 '도' 일 것이에요.

두 번째 이야기

'유'와 '무'의 논쟁

세상만물의 근본은 '유(有)' 일까 아니면 '무(無)' 일까? 그것도 아니라면 아무것도 아닐까? 노장이 이야기한 '도' 에 대해 배울 때 우리는 이미 이 문제를 접한 적이 있어요. 장자는 '유' 와 '무' 모두 정확히 정의할 수 없으니 만물의 근본이 될 수 없다며 '도' 에 대해서만 언급했지요.

그러나 우주의 근원에 대해 끝까지 파헤치려 한다면 '유' 와 '무' 의 문제는 꼭 풀고 넘어가야 할 숙제랍니다. 세계의 근원이 결국 무엇이든 간에 여러 가지 추측은 가능해요. 중국 위진(魏晉, 220~589) 시대에 이르러 이 문제는 당시 철학자들의 토론에서 빠지지 않는 중요한 문제가 되었답니다.

중국 위나라의 학자로 하안(何晏)과 함께 위진의 현학(玄學)의 시조로 일컬어지는 왕필(王弼, 226~249)과 서진(西晉)시대의 철학자 배위(裴頠, 267~300)의 이에 대한 관점은 판이하게 달라서 한 사람은 '귀무(貴無)'

를, 한 사람은 '숭유(崇有)'를 주장했지요. 두 사람 모두 젊은 나이에 세상을 떠났다는 공통점이 있어요. 왕필은 불과 24세에 죽었지만, 생전에 상서랑(尙書郎)을 지내고 철학서적도 남겼어요. 배위 역시 서진시대에 상서좌복야(尙書左僕射)라는 고위 관리직까지 지냈지만 팔왕의 난 때 34세라는 젊은 나이에 사마륜(司馬倫)의 손에 살해당하지요. 여기서 팔왕의 난이란, 서진 말기에 제위 계승 문제를 둘러싼 8명의 황족들의 대결이 내란으로 번진 것을 말하는데 이 때문에 서진이 멸망하게 되었답니다.

배위가 태어났을 때 왕필은 이미 세상을 떠난 지 18년이나 흐른 뒤였어요. 그러나 그의 사상은 여전히 후대 사람들에게 전해 내려오고 있었지요. 그런데 배위는 왕필의 사상에 동의하지 않았으며, 자신의 책을 통해 왕필과는 전혀 다른 관점을 제시했답니다.

"만물은 무에서 난다." 왕필은 노자의 이 명제를 계승하고 발전시켰어요. "만물은 무에서 난다.", "무에서 유가 나온다." 이 말 속의 '무'는 우리가 일반적으로 알고 있는 '유무'의 '무'가 아니며, '없다'는 뜻도 아니고, '0'이라는 말도 아니에요. 여기서 가리키는 '무'는 만물이 의지해 생존할 수 있는 본체로, 물질성이 없으며 비교할 수 있는 어떤 규정성조차 없는 상태를 의미해요. 반면 '유'는 우주만물과 구체적인 존재를 가리키지요.

왕필이 '무'를 세계의 근본으로 본 것은 형태와 이름이 있는 구체적 사물은 규정성을 갖고 있기에 다른 사물이 될 수 없다는 이유 외에도 세계 통일성에 대한 왕필 자신의 독특한 관점 때문이었답니다. 왕필은

이 세계에 다양하고 복잡한 사물들이 뒤섞여 살면서도 체계와 질서를 지켜 공존할 수 있는 것은 그들을 통솔하는 종주(宗主)가 있기 때문이라고 생각했어요. 그런데 이 종주는 세상에서 가장 작은 수로 왕필은 이를 '1' 이라고 보았어요. '1' 은 숫자의 시작이자 만물의 최대치라고 여겼기 때문이지요. 다시 말해 이 '1' 이 바로 '무' 를 뜻하는 것이에요.

왕필의 이런 입증은 언뜻 이해하기 어려운 부분이 많아요. 왜 종주는 세계에서 수가 가장 작은 것일까요? 그는 종주가 하나뿐인 존재라는 걸 말하고 싶었던 걸까요? 아니면 다른 어떤 의미가 있는 것일까요? 게다가 종주인 '1' 과 '무' 를 함께 묶을 수 있는 연관성은 어디에도 없는데요.

여기서 반드시 짚고 넘어가야 할 부분이 있는데 그것은 중국철학과 서양철학의 가장 분명한 차이점에 관한 것이지요. 서양철학자들은 자신의 철학적 관점을 논술할 때 보통 치밀한 논리를 갖고 입증을 하는데 비해 중국의 철학은 이런 점에 주의를 기울이지 못했답니다. 종종 너무나 당연한 것처럼 어떤 견해를 내놓고는 다른 어떤 근거나 입증을 제시하지 않은 것이지요. 왕필의 주장만 보더라도 이해 못할 부분이 한두 군데가 아니에요. 어쩌면 이는 우리 스스로 깨달아야 할 부분인지도 모르지요.

왕필은 또 다른 주장을 제시했는데, 이는 하느님은 첫 번째 촉진자라고 한 토마스 아퀴나스의 주장과 비슷해요. 왕필은 만물의 운동과 변화는 정지에서 정지로 옮겨가는 잠깐의 과정이라고 보았으며, 운동은 결국 정지하고 운동하지 않기 위함이에요. 그런데 그가 보기에 '무' 야말로 정지해 움직이지 않는 존재였기에 모든 운동하는 사물의 근본이 된다고 주장한 것이지요.

그러나 형태도 이름도 없으며 움직이지도 않는 '무'가 어떻게 '유'를 낳아 운동하고 변화하는 다양한 세상만물을 얻을 수 있을까요? '유'와 '무'의 경계는 어떻게 정해야 하는 걸까요? 물론 '무'는 이름도 형태도 없는 세계의 본체이며, '유'는 이름과 형태가 있는 현상이라는 뜻이 있지만 '유'와 '무'의 일반적인 의미는 종종 사람들을 오해하게 만들어요. 사람들은 대개 '유'는 존재하는 것이며 '무'는 존재하지 않는 것이라고 생각하니까요.

배위는 바로 이 허점을 겨냥해 귀무론을 비판하며 자신의 관점인 숭유를 《숭유론》이란 책을 통해 소개했어요. 배위는 왕필이 말한 '무'에 어떤 특별한 의미가 담겨 있든 그가 생각하는 '무'는 바로 허무를 가리키며 아무것도 없는 것이라고 주장했어요. 그렇다면 '유'는 어떻게 생겨난 것일까요? 배위는 모든 사물은 시작할 때 자기 스스로 태어난다고 주장했어요. 사물이 자생하는 것이라면 사물 자체가 그 본체라는 것이고, 다시 말해 사물의 본체는 '유'가 되는 것이지요.

물론 배위 역시 구체적인 사물에는 한계가 있으며 상대적이라는 사실을 인정했어요. 그러나 그는 왕필과는 전혀 다른 결론을 이끌어냈답니다. 세계에는 서로 다른 다양한 사물이 존재하지만 스스로 만족할 수 없기 때문에 서로 의지해야만 생존할 수 있다고 주장한 것이에요.

기본적으로 배위의 철학사상은 그가 쓴 《숭유론》을 통해 알 수 있어요. 그러나 《숭유론》은 전체를 합쳐도 1,368자에 불과하기에 그의 글이 아무리 간결하고 정교하다 해도 이런 짧은 문장으로는 완벽한 철학체계를 세우기가 어렵지요. 게다가 고대 중국어에는 하나의 글자에도

결론적으로 말해 왕필과 배위의 사상은 모두 노장사상에서 비롯된 것이에요. 따라서 그들이 말하는 본체는 있어도 좋고 없어도 상관이 없는 존재로, 모두 '도'의 연장선에 있다고 볼 수 있어요.

다양한 의미가 있고 작가의 의도에 따라 의미를 자유롭게 변형하는 경우가 흔했어요. 그러므로 배위의 사상을 정확히 이해하기란 어려운 일이에요.

우리는 줄곧 배위의 숭유에 대해 이야기했고, 그도 자신의 책에 《숭유론》이라는 이름을 붙여주었는데요. 여기서 말하는 '유'란 무엇일까요? 왕필은 '유'를 '무'와 상대적인 개념으로 보았기에 그 뜻이 비교적 명확했어요. 바로 현상세계의 구체적 사물을 가리키는 것이지요. 그러나 배위는 '무'의 개념을 철저히 포기했어요. 덕분에 사람들은 '무'에 담겨진 뜻을 알아내기 위해 골치를 썩힐 필요가 없게 되었지요. 대신 '유'를 어떻게 정의할지가 모호해지고 말았답니다.

배위는 왕필의 '무'를 허무로 이해했고, "만물은 무에서 나온다."는 명제를 반박했지요. 그러나 사실 왕필이 말한 '유'와 '무'는 현상과 본체의 의미를 지닌 것으로 존재하고 존재하지 않고의 문제가 아니었어요. 그런데 배위는 '무'를 완전히 밀어내버리고 '유'를 세계의 본체로 확신한 것이에요. 배위의 주장에 따르면 '유'는 현상이자 본체가 된 것이지요. 그러나 배위가 말한 것처럼 '유'가 자생하는 것이라고 해도 현상으로서의 '유'와 본질로서의 '유'의 관계는 설명할 수가 없어요.

결론적으로 말해 왕필과 배위의 사상은 모두 노장사상에서 비롯된 것이에요. 따라서 그들이 말하는 본체는 있어도 좋고 없어도 상관이 없는 존재로, 모두 '도'의 연장선에 있다고 볼 수 있어요.

어느 시대건 모든 철학자들은 많든 적든 자신이 처한 시대배경의 영향을 받게 마련이에요. 또한 모든 철학자들의 사상 역시 많든 적든 당시 사회의 모순을 드러낼 수밖에 없어요. 조금만 자세히 살펴보면 이론을 종합하여 방대하고 온전한 철학체계를 세워 전체와 조화를 추구했던 철학자들은 대개 사회적 모순이 첨예한 시대에 살던 사람들임을 쉽게 알 수 있어요. 아리스토텔레스와 헤겔이 그러했고 중국의 곽상(郭象, 252년경~312) 역시 마찬가지였지요.

곽상은 배위보다 먼저 태어나 그보다 늦게 죽었어요. 자신이 추구한 장자의 근본원리에 따라 《장자주(莊子注)》(33권)를 정리해 주석을 단 중국 진나라의 사상가예요. 60년이란 인생을 살면서 그는 서진이라는 한 왕조의 시작과 몰락을 직접 경험했답니다. 당시는 극심한 혼란의 시대로 16년에 걸친 '팔왕의 난'이 막 끝나자 사람들이 한숨을 돌릴 새도 없이 '영가의 난(중국 서진 말기인 회제(懷帝)의 영가 연간(307~312)에 흉노(匈奴)가 일으킨 큰 반란)'이 일어났어요.

이 두 '난'을 곽상은 몸소 겪었던 것이에요. 이런 시대를 사는 지식인이라면 과연 고난과 현실을 피해 도망가는 것이 옳을까요? 아니면 현실과 당당히 맞서야만 할까요? 위(魏)나라 사상가로 죽림칠현(竹林七賢)의 중심인물이었던 완적(阮籍, 210~263)과 혜강(嵆康, 223~262)은 도망치려 했고, 배위는 맞서는 것을 선택했어요. 그러나 그들 가운데 누구도 가혹한 현실을 거스를 순 없었답니다.

위나라 왕의 사위였던 혜강은 서진이 위나라의 정권을 빼앗아 천하를 통일한 것을 가슴 아파했어요. 그런 상황에서 충효와 예의를 지키라고 가르치는 것 자체가 우스운 일이라고 생각한 혜강은 예법과 도덕에 반대하며 사람들이 자신의 본성에 따라 살아야 한다고 주장했지요. 결국 3국을 통일하고 서진을 세운 사마씨(司馬氏)의 화를 돋운 혜강은 참혹하게 살해당했어요. 배위는 당시의 상황에 불만을 갖고 현실을 바꾸기 위해 격앙된 태도로 《종유론》을 써서 왕필의 귀무론을 비판했지요. 그러나 안타깝게도 비판의 창끝은 자신을 향했고 결국 권력 싸움의 희생양이 되고 말았어요. 그의 글은 진왕조를 구하지도, 자기 자신을 구하지도 못했답니다.

곽상은 혜강처럼 위나라 부마의 신분이 아니었기에 서진에 대해 아주 강한 미움을 갖고 있지는 않았어요. 또한 곽상은 배위처럼 진나라의 외척도 아니었고요. 그는 그저 혼돈의 시대를 살아가는 보통의 지식인이었답니다. 노장사상을 따랐던 곽상은 한편으로는 현실을 초월하고 싶었고, 다른 한편으로는 현실에 영합해 권세를 누리고 싶었어요. 결국 그는 가운데 길을 선택해 초월과 현실 사이에서 조화를 이루기 위해 노력했답니다.

철학사상에 있어서만큼은 곽상은 성공한 것처럼 보여요. "독화(獨化-사물은 스스로 존재한다는 곽상의 사상)는 현명(玄冥)의 경지에 있다."는 그의 사상은 귀무와 숭유의 관점을 적절히 묶어서 정리했고, '유'와 '무'를 비교적 원만하게 결합시켰기 때문이에요. 곽상은 배위의 영향을 받아 '무'에서 '유'가 나오는 것은 불가능하며 사물은 자생한다고 보았답니다. 배위와 다른 점이 있다면 곽상은 하나의 사물이 존재하는데 다른 사물의 존재가 전제되어야 한다고 믿지 않았어요. 그에게 이 세상의 사물은 각자 독립적으로 존재하며 저마다 독특한 성질을 지닌 것이었지요. 그렇다고 해서 사물 자신이 한계성을 갖는 것은 아니며, 바로 그 자체가 사물이 존재하는 의의라고 여겼답니다.

곽상은 세상의 모든 사물이 지금과 같은 모습을 갖춘 것은 다른 사물 때문도, 조물주가 존재하기 때문도 아니라고 주장했어요. 사람들은 흔히 조물주가 세상을 이렇게 만들었다고 말하길 좋아하지만 조물주란 또 무엇인가요? 누구도 그 문제에 대해 쉽게 이야기할 수 있는 사람은 없어요. '조물(造物)'처럼 사물은 만들어지는 것이 아니라 자기 스스로 사물이 되는 것이지요. 곽상은 사물이 갑자기 어느 사이에 나타난 것이라고 보았답니다. 그러나 어떻게 나타났느냐고 묻는다면 그렇게 된 원인은 답해 줄 수 없어요. 그 어느 사이는 근본적으로 원인이 있기에 결과가 있다는 식의 명제가 성립하지 않기 때문이지요.

"독화는 현명의 경지에 있다." 이 말은 세상에 수많은 사물이 있지만 사물 하나하나가 모두 특별하며 독립되어 있는 존재라는 뜻이에요. 그들은 서로 아무런 관련이 없는 것처럼 보이지만 결국 "이름이 없다고 해서 무는 아니다."라는 현명의 경지로 통일되며, 미리 예측할 수 없는 '명'에 자신을 맡긴다는 것이지요. 이렇게 해서 세상만물의 '유'와 현명의 경지로서의 '무'가 비교적 쉽게 결합하게 되었어요. 그러나 아쉬운 점은 곽상이 조물주를 포기한 대신에 세계를 또 다른 '명'의 품에 안겼다는 사실이에요. 생겨날 때 외부의 힘에 의지하지 않았던 사물이 생겨난 뒤 현명의 지경에 빠지더니 다른 외부의 힘에 지배받게 된 것이지요.

당시 태위의 자리에 있었던 왕연은 특히나 곽상의 말재간을 좋아해 남들 앞에서 종종 그를 칭찬했답니다. "곽상의 말을 듣고 있자면 경사가 급한 강물이 끊임없이 아래로 흘러내려 영원히 마르지 않을 것 같소." '구약현하'라는 중국의 고사성어가 바로 여기에서 유래되었지요.

우리는 사실 너무나 다양한 관계의 그물 속에서 살고 있어요. 이 세상에는 나뭇잎이 셀 수 없이 많지만, 그 가운데 똑같은 두 개의 나뭇잎은 없답니다. 그러나 이 말은 그 둘이 완전히 다르며 절대적으로 독립되어 있다는 뜻은 아니에요. 그렇지 않다면 어떻게 그들에게 나뭇잎이라는 공통의 이름을 붙여주겠어요? 게다가 사람들이 어떻게 그 두 잎을 가지고 비교하겠어요? 만약 곽상이 말한 대로 세상의 모든 만물이 서로 아무런 관련도 없다면 사람들은 이 세상을 절대로 인식할 수 없을 거예요. '현명의 경지' 라는 개념을 내놓은 것을 보면 어쩌면 곽상도 이 점을 인지하고 있었던 것 같아요.

곽상은 살아있을 때 지나치게 권력을 추구해, 많은 사람들의 질책을 받았어요. 사실 죽은 뒤에도 많은 사람들에게 손가락질 당했답니다. 중국 당태종 때의 재상으로 활약했던 방현령(房玄齡, 578~648)은 자신이 쓴 《진서(晉書)》를 통해 곽상은 향수(向秀, 230년경~280년경, 죽림칠현의 한 사람으로 중국 진나라의 문인)의 사상을 도용했으며 향수가 쓴 《장자주(莊子注)》에 조금 살을 보태고 정리를 하여 자신의 업적으로 뒤바꿔놓았다고 지적했지요. 이런 이야기로 미루어 보건대 곽상의 인품에 문제가 있었던 것은 사실인 것 같아요.

여기서 곽상이 어떤 사람이었는가를 두고 논의할 필요는 없어요. 이미 오래 전 일이고 그의 사람 됨됨이가 어떠했는가는 큰 의미가 없으니까요. 중요한 것은 그의 학설이 오늘날까지 전해 내려왔다는 사실이지요. 오랜 동안 사람들은 《장자주》라고 하면 향수가 아닌 곽상을 떠올렸답니다. 설사 곽상이 정말 향수의 사상을 도용했다고 해도 향수의 사상을 담아 《장자주》를 정리한 곽상의 공도 적지 않다고 하겠어요.

《진서》 속에 등장한 곽상은 사람 됨됨이는 변변찮았지만 재능만큼은 뛰어난 인물이었답니다. 젊은 시절 그는 관찰력이 뛰어나고 논리적인 사람으로 학문에 특별한 재능이 있었다고 해요. 훗날 노장의 학설을 연구하면서 깊은 깨달음을 얻게 되었지요. 덕분에 해박한 지식을 자랑하며 어떤 것이든 조리 있게 말할 줄 알았답니다. 또한 그는 말재주가 뛰어나 자신의 견해를 이야기하는 것을 좋아했어요. 그와 이야기하는 사람들은 모두 그의 이야기에 흥미진진하게 귀를 기울였지요.

당시 무관의 최상위 직급인 태위(太尉)의 자리에 있었던 왕연(王衍)은 특히나 곽상의 말재간을 좋아해 남들 앞에서 종종 그를 칭찬했답니다. "곽상의 말을 듣고 있자면 경사가 급한 강물이 끊임없이 아래로 흘러내려 영원히 마르지 않는 것 같소." '구약현하(口若懸河, 말을 거침없이 청산유수처럼 유창하게 엮어 내려감을 비유한 말)' 라는 중국의 고사성어가 바로 여기에서 유래되었지요. 곽상의 재능과 학식이 얼마나 뛰어났는지 바로 이 일화를 통해 충분히 짐작할 수 있겠지요.

세 번째 이야기

만물을 낳은 '기'

중국 송나라 때는 유난히 외국의 침입이 잦았어요. 그래서인지 문학가, 철학가, 정치가를 가리지 않고 많은 사람들이 나라와 국민들을 염려하는 마음을 갖고 있었지요. 중국 북송(北宋) 때의 정치가로 유명한 범중엄(范仲淹, 989~1052)은 사람들의 마음을 감동시키는 유명한 말을 남겼답니다. "천하의 근심을 먼저 걱정하고, 천하의 기쁨은 나중에 즐거워하라."(先天下之憂而憂, 後天下之樂而樂)

범중엄이 섬서경략안무부사(陝西經略安撫副使)로 서북지역의 국방을 책임지고 있을 때 한 젊은이가 〈변의구조(邊議九條)〉라는 상서를 올렸답니다. 그는 무장단체를 조직해 서하(西夏, 11~13세기에 중국 서북부의 오르도스(Ordos)와 간쑤(甘肅) 지역에서 티베트 계통의 탕구트족이 세운 나라)가 점령하고 있는 타오시(洮西)지역을 되찾아오겠다는 자신의 계획을 밝혔어요. 이 상소를 본 범중엄은 그 젊은이를 직접 불렀고 고향을 지키겠다는 그의 열의를 크게 칭찬했답니다. 그런 다음 범중엄은 젊은이에게 《중용(中庸)》을 읽어볼 것을 권하며 유학을 좀 더 공부하면 훗날 큰 인물이 될 것이라고 격려했지요. 범중엄의 충고를 받아들인 젊은이는 집으로 돌아가 공부에만 매달려 17년을 보냈어요. 그리고 마침내 38세가 되어 서울로 올라가 진사(進士) 시험에 합격했지요. 17년이란 긴 기간 동안 그는 《중용》뿐만 아니라 도가(道家), 불교경전 등을 모두 읽으며 자신만의 철학체계를 정립했답니다.

그 젊은이의 이름이 바로 장재(張載, 1020~1078)였어요. 성리학의 기초를 닦은 중국 송나라의 사상가예요. 그의 이름은 낯설겠지만 그가 남긴 말은 한 번쯤 들어봤을 것이에요. 그의 말은 사람들의 심장을 울렸을 뿐만 아니라 감동을 넘어선 전율을 느끼게 했으니까요.

"천지를 위해 마음을 세우고, 백성을 위해 목숨을 세우며, 앞선 성인들을 위해 끊어진 학문을 세우고, 후세를 위해 태평성대를 열어라."(爲天地立心, 爲生民立命, 爲往聖續絕學, 爲萬世開太平)

노자는 이런 말을 했어요. "천지란 본래 어질지 아니하여 만물을 추구(芻狗, 풀강아지란 뜻으로 필요할 때 쓰고 버리는 물건을 비유함)로 만들었다."(天地不仁, 以萬物爲芻狗) 장재는 노자의 이 말에 공감하며 하늘과 사람은 근본적인 차이가 있는데, 하늘은 마음이 없지만 사람은 생각이 있다고 주장했답니다. 다시 말해 자연무위(自然無爲, 자연에서 만물의 생성자인 도(道)의 뜻을 깨우쳐 자연의 순리에 따라 살아야 한다는 노장사상)는 사람의 계획으로 바꿀 수 있는 것이 아닌 천도(天道)이고, 생각이 많아 걱정을 떨칠 수 없는 것은 인도(人道)라는 것이에요. 겉으로 보기에는 하나는 마음이 없고 다른 하나는 마음이 있다고 하니, 하늘과 사람의 간격이 분명해진 것처럼 느껴지지요. 그러나 장재는 하늘과 사람 사이에는 나눔(分)이 있는 만큼 합(合)도 있다고 보았어요. 유교의 3경(三經) 중 하나인 《주역(周易)》을 살펴보면 사람이 경영하는 모든 계획이 천리(天理)를 따르게 되어 있으며, 이를 천인일체(天人一體)라고 한다는 말을 근거로 들었지요.

장재가 평생을 두고 추구했던 것이 바로 '천인합일(天人合一, 하늘과 사람이 하나라는 뜻)' 사상의 체계를 세우는 것이었어요. 그러나 하늘에는 마음이 없고, 사람에게만 마음이 있다면 어떻게 하늘과 사람 사이에 다리를 놓을 수 있을까요?

"천지를 위해 마음을 세운다." 이것이 장재가 내놓은 해결방법이에요. 그는 자신의 책 《경학이굴(經學理窟)》에서 "하늘에는 본디 마음이 없으나 만물을 생성하니 이는 반드시 하늘에게 공을 돌려야 할 것이다. 이를 바로 천지지인(天地之仁)이라고 한다."라는 말을 남겼어요. 다시 말해 천지는 만물을 생성하고, 기(氣)는 만물의 본체를 구성해, 빠지는 것이 없게 한다는 뜻이에요. 이 '천지지인'의 '인'은 천지의 마음을 가리키지요. 이를 통해 알 수 있듯이 장재의 "천지를 위해 마음을 세우고 백성을 위해 목숨을 세운다."라는 사상의 체계는 "기가 만물을 낳는다.'(氣生萬物)는 명제를 기초로 한 것이랍니다.

유가, 불교, 도가의 경전을 섭렵한 장재는 도가와 불교에 한 가지 착오가 있음을 발견해요. 그들은 허무를 진정한 본체로 삼았지만, 형태가 있는 만물이나 형태가 없는 태허(太虛, 공허하고 적막한 경지) 모두 기(氣)라는 것이 장재의 주장이에요.

장재가 평생을 두고 추구했던 것이 바로 천인합일 사상의 체계를 세우는 것이었어요. 그러나 하늘에는 마음이 없고, 사람에게만 마음이 있다면 어떻게 하늘과 사람 사이에 다리를 놓을 수 있을까요?

"기가 만물을 낳는다."는 사상은 장재의 독자적인 사상은 아니에요. 전국시대(戰國時代) 초기에 이런 관점이 기록되어 있으며, 훗날 후한(後漢)의 사상가인 왕충(王充, 27년경~97년경)이 이에 대해 본격적으로 서술한 바 있어요. 중국에서 '기'는 매우 특별한 존재예요.

그러나 서양에서는 고대 그리스 밀레토스학파의 철학자인 아낙시메네스(Anaximenes, BC 585년경~BC 525년경)가 '기'에 대해 서술한 적이 있지요. 그것도 구체적인 물질의 형태의 영역 정도로만 이해했었답니다. 그러나 중국에서는 굳이 '기체론(氣體論)'을 주장하는 사상가가 아니어도 '기'에 대해 언급한 철학자들이 흔한 편이에요. '기'에 대한 열띤 토론이야말로 중국철학의 한 특색이라고 할 수 있어요.

장재가 말한 '기'는 수증기나 안개, 운기(雲氣) 같은 것이 아니에요. 만물의 근원으로서의 기는 폭넓은 의미를 갖고 있어 천지만물과 태허 모두 기라고 할 수 있어요. 기는 두 가지 형태로 존재하는데 '기취(氣聚)' 즉, 기가 모이면 만물이 생겨나고, '기산(氣散)' 즉, 기가 흩어지면 태허가 드러나게 돼요.

장재는 우리가 볼 수 있는 것은 '기'가 잠시 응결되었다가 구체적인 사물로 되는 상태라고 주장했어요. 다시 말해 태허의 기나 본체의 기는 볼 수 없는 것이에요. 그러나 눈에 보이지 않는다고 존재하지 않는 것은 아니지요. 시간 역시 눈에 보이지도 손으로 만질 수도 없지만 계절의 변화 속에, 별이 뜨고 해가 지는 가운데, 사물의 탄생과 소멸 속에서 그 존재를 느낄 수 있으니까요. '기' 역시 이와 마찬가지여서 허무가 아니며, 기는 만물을 낳고 무 가운데 유가 있는 것이랍니다.

'기'에서 시작한 장재의 사상은 "천지를 위해 마음을 세우고, 백성을 위해 목숨을 세운다."는 사상적 체계로 폭을 넓혔어요. 그의 이런 사상은 나라와 백성을 걱정하는 마음이었고 평생의 피와 땀이 쌓인 결과였답니다.

만약 장재에 대해 좀 더 알고 싶다면 그의 고향 섬서(陝西)의 횡거진(橫渠鎭)을 한 번 걸어보는 것도 좋을 듯해요. 그곳은 장재가 눈을 감은 곳으로, 근래에 장재의 사당을 수리해놓았고 그가 살았을 때 공부를 하고 강의를 하던 곳이랍니다. 이미 9백여 년의 세월이 흘렀고 많은 일들이 변했으며 또 앞으로도 많은 일들이 변할 것이에요. 그러나 어떤 것들은 변하지 않고, 또 어떤 것들은 많은 세월이 흐른 뒤에도 사람들이 잊지 않을 것이며 잊어서도 안 되는 것이랍니다.

네 번째 이야기

하늘과 땅 사이의 '이'

흔히 소동파라고 불리며 《적벽부(赤壁賦)》로 유명한 소식(蘇軾, 1036~1101), 소철(蘇轍, 1039~1112) 형제와 함께 진사시험에 합격한 38세의 장재는 수도에서 나라의 명을 기다리다가 당시 재상이었던 문언박(文彦博, 1006~1097)의 부탁으로 상국사(相國寺)에 가서 《역경》을 강의하게 되었어요. 그러던 어느 날 밤 그곳에서 우연찮게 자신의 두 조카인 정호(程顥, 1032~1085)와 정이(程頤, 1033~1107)를 만나게 되지요.

정호는 장재보다 열두 살이 어리고, 정이는 그보다 한 살이 더 어렸지만 장재는 자신이 나이 많은 삼촌이라며 조카를 무시하지 않고, 두 사람에게서 《역경》에 대한 견해를 귀 기울여 들었어요. 조카들의 이야기를 다 들은 장재는 자신의 수준이 조카들만도 못함을 부끄러워하며 다음 날 《역경》에 대해 강의하는 것을 포기했답니다. 그는 강의를 들으러 온 사람들에게 이렇게 말했어요.

"《역학》에 대한 견해는 정호, 정이 형제가 나보다 더 깊소이다. 나는 그들만 못하니 모두 궁금한 것이 있다면 그들에게 가르침을 청하시오."

장재의 이 말은 과장이 아니었어요. 정호, 정이 형제는 훗날 뛰어난 업적을 이루었어요. 정호는 이기일원론(理氣一元論)과 성즉이설(性則理說)을 주창한 유학자로, 정이는 형 정호와 함께 정주학(程朱學)의 창시자로 알려져 있어요.

두 사람은 사상이 비슷해 함께 글을 썼고, 중국철학사에서는 종종 그들을 '이정(二程)'이라고 불러요. 이정은 벼슬을 지냈지만 그들의 일생 대부분의 시간을 공부와 강의를 하며 우수한 제자들을 길러내는 데 투자했어요. 양송(兩宋)시기의 사상가들은 모두 강의를 하는 것을 좋아했답니다. 그 가운데 주자학(朱子學)을 집대성한 주희(朱熹, 1130~1200)가 그들의 네 번째 제자로 손꼽혀요.

중국에서는 주희에 대해 모르는 사람이 거의 없어요. 그의 이름은 중국 사람들의 귀에 익숙한 사물과 종종 한 묶음처럼 등장하기 때문이지요. 예를 들면 그가 본문의 뜻을 알기 쉽게 풀이해서 주해(註解)를 단 사서(四書), 《논어》, 《맹자》, 《중용》, 《대학》이 있어요. 또 주희가 원장으로 있으면서 《중용》을 강의하고, 천하의 인재들을 초청해 천하제일의 학원으로 만들어서 유명해진 백록동서원(白鹿洞書院), 그가 50년 동안이나 머물렀던 우이산(武夷山), 또한 중국의 봉건통치사상을 7백여 년이나 지배했던 이학(理學) 등이 있답니다. 이학은 성리학 또는 주자학이라고도 해요.

주희는 이학을 집대성한 인물로 그의 이학체계는 이정의 '낙학(洛學)'을 계승한 것이에요. '낙학'은 정호와 정이 형제의 학파를 이르는 말로 그들의 고향이 낙양(洛陽)인 데서 유래했어요. 주희는 스승의 '낙학'을 계승하는 것으로 그치지 않고 주돈이의 '태극설(太極說)'과 소옹의 '상수학(象數學)', 장재의 '기본론(氣本論)'까지 흡수해 사상의 틀을 넓혔어요.

주돈이(周敦頤, 1017~1073)는 도가사상의 영향을 받아 새로운 유교이론을 창시한 송나라의 유학자이고, 소옹(邵雍, 1011~1077)은 중국 송나라의 학자로 도가사상의 영향을 받아 유교의 역철학(易哲學)을 발전시켜 특이한 수리철학(數理哲學)을 만든 분이에요.

주희는 '천리(天理)'를 본체로 하는 이정의 사상 대부분을 계승하였답니다. 여기서는 주희와 더불어 우주 만물의 근본이 되는 이치인 '이(理)'에 대해 이야기해보지요.

앞서 소개한 곽상은 "독화는 현명의 경지에 있다."는 관점을 통해 '유'와 '무'를 통일시키려 했어요. 그는 '유'든 '무'든 세계의 근원으로서는 부족하다는 것을 알았던 것이에요. 유가, 불교, 도가에 능통했던 주희 역시 이 사실을 깨닫고, 이정이 제시한 '천리'를 세계의 근원으로 삼은 것이지요.

주희는 '이'가 어느 구체적인 물질이나 허무로 전락하는 것을 막기 위해 주돈이의 '무극이태극(無極而太極)' 사상을 빌려왔어요. 한편으로는 '이'가 형태가 없다는 것은 말이 안 되기에 세상의 어떤 사물과도 다르며 진정한 끝(極)이 아닌 '무극(동양 철학에서 우주의 본체인 태극의 맨 처음 상태를 이르는 말)'으로, 다른 한편으로는 '이'를 일종의 관념으로 존재하는 어떤 정신적 실체이자 가리키는 것이 있어 아무것도 없는 것이 아니며 이치에 닿는 '태극(중국 고대의 사상으로 만물이 생성 전개되는 근원)으로 설명한 것이지요.

주희는 '이' 가 만물의 생장점이라면 아직 천지가 있기 전부터 '이' 는 존재했다고 주장했어요. 그는 '이' 는 영원하며 산과 강, 대지가 모두 사라져도 여전히 존재한다고 생각했지요. '이' 는 천지를 포함하며 만물을 주관하는 존재로, 만물에 의지해 자신을 드러낼 필요 없이 독립적으로 존재하는 것이에요.

그렇다면 '이' 는 어떻게 만물을 파생시켰을까요? 그 문제에 대해 주희는 다음과 같이 설명해요. 우선 '이' (태극이라고도 함)에서 음(陰)과 양(陽), 두 개의 기(氣, 만물을 구성하는 재료)가 나와요. 그리고 '기' 는 다시 쇠(金), 나무(木), 물(水), 불(火), 흙(土)의 오행(五行)을 낳지요. 다음으로 오행은 천지만물이 되는 것이에요.

이를 통해 알 수 있듯이 장재에 의해 '형이상(形而上, 사물이 형체를 갖기 이전의 근원적인 본모습)' 이 되었던 '기' 는 주희에 이르러 '형이하(形而下, 감각할 수 있는 구체적인 사물)' 의 '기(器)' 가 되었답니다. 우주의 탄생과정 속에서 '기(氣)' 는 천지만물보다 앞서 존재했지만 이미 천지만물의 지배자나 근본은 아니게 된 것이지요. 또한 '이' 에서 '기' 가 나와 만물을 낳았지만 그 둘은 서로 분리될 수 없는 관계예요.

주희는 '이' 는 오직 하나뿐이지만 모든 사물 가운데 드러난다고 주장했어요. 마치 하늘의 달이 하나이지만 강이나 호수 속에 수만 개의 달이 나타나는 것처럼 말이에요. 게다가 물속의 달들은 저마다 하늘의 달을 완벽하게 구현하고 있지요. 만물의 본체로서의 '이' 가 사물을 낳

주희는 '이'는 오직 하나뿐이지만 모든 사물 가운데 드러난다고 주장했어요. 마치 하늘의 달이 하나이지만 강이나 호수 속에 수만 개의 달이 나타나는 것처럼 말이에요. 게다가 물속의 달들은 저마다 하늘의 달을 완벽하게 구현하고 있지요.

을 때 각각의 사물이 지녀야 할 본성과 모든 발전 가능성은 이미 정해져 있는 것이에요. 그러므로 천지만물 가운데 '이' 야말로 최고의 지배자라고 할 수 있는 것이지요.

19세에 진사가 된 주희는 본래 조정을 위해 열심히 일하고자 했지만 당시 남송 왕조의 부패가 너무 심해 그의 간언(임금에게 옳지 못하거나 잘못된 일을 고치도록 하는 말)을 아무도 들으려고 하지 않았답니다. 실망한 주희는 모든 정력을 자신의 책을 쓰고 이론을 정립하는 데 쏟았어요. 주희는 그의 나이 40세에 이미 자신만의 이학체계를 세워 명성을 얻었답니다.

그의 학술적 성과는 조정의 입장을 곤란하게 만들었지요. 그를 관리로 부르지 않으면 인재를 포기했다는 사람들의 의심을 살 것이고, 그를 중용한다면 조정에 간섭할 것이 뻔했으니까요. 결국 조정은 그를 벼슬자리에 앉히되 수도에서 멀리 떨어진 난캉(南康)으로 보냈어요. 주희가 난캉에 머문 시간은 고작 2년에 불과했지만 이곳에서 이룬 그의 정치적 업적은 무척 뛰어났지요. 백록동서원도 이때 세운 것이에요.

주희는 관직에 있는 동안 남송의 고종(高宗), 효종(孝宗), 영종(寧宗), 광종(光宗) 등 4명의 황제를 섬겨 마치 매우 오랫동안 관직에 있었던 것 같지만, 실제로 그의 관직생활을 합치면 9년에 불과하답니다. 관직에 있을 때마다 자리를 내어놓아야 하는 일이 생겼기 때문이지요.

사실 그의 벼슬길이 이렇게 순탄치 못했던 것은 어찌 보면 그의 학설이 당시 통치자들의 환영을 받지 못했다는 뜻이에요. 심지어 죽기 3년 전에는 정치적 풍랑에 휩쓸려 주희의 학설은 '위학(僞學, 가짜 학문이라는 뜻)' 이라는 이름으로 금지 당했고, 그 자신도 '위학의 수괴' 라는 누명을 쓰게 되었답니다. 그 때문에 그의 제자들과 오래된 친구들도 그와 감히 왕래하지 못하게 되었지요.

죽을 때까지 주희는 이 억울한 죄목을 지고 살아야만 했어요. 그리고 그가 죽은 지 9년 후에야 이종(理宗)이 그의 명예를 회복시켜주며 특별히 태사(太師)라는 칭호를 내려주었지요. 또한 그를 신국공(新國公)에 추서했답니다. 그때부터 주희를 대표로 하는 이학사상은 봉건사회 정통의 사상체계로 자리 잡게 되었고, 주희 역시 공자(孔子)의 묘에 묻히는 영광을 누리게 되었어요.

다섯 번째 이야기

마음이 바로 '이'이다

중국 역사상 주희로 대표되는 이학(理學)은 상당히 오랜 시간 동안 정통 사상의 자리를 지키며 통치자들의 추종을 받았지만, 지지하는 사람이 많은 만큼 반대하는 사람도 적지 않았답니다.

주희는 살아있을 당시에도 이미 다른 사람의 비판을 받았어요. 그 가운데 가장 유명한 사람이 육구연(陸九淵, 1139~1192)이에요. 두 사람은 나이차가 별로 안 나며 육구연이 주희보다 아홉 살이 어려요. 한 사람은 '이'를 근본이라 주장했고, 또 한 사람은 '마음'을 근본이라 주장했죠. 사실 두 사람은 몇 차례나 대면한 적이 있지만, 실력이 어슷비슷해 그때마다 승부를 낼 수 없었답니다.

두 사람의 첫 번째 만남은 1175년 주희의 친구였던 여조겸(呂祖謙, 1137~1181)의 주선으로 아호사(鵝湖寺)에서 이루어졌어요. 당시 두 사람은 인식론(認識論)의 문제를 두고 언쟁을 벌였지요. '이'에서 출발한 주희는 넓게 보고 많이 읽어야 천리를 깨달을 수 있다고 주장했어요.

그러나 육구연은 "마음이 '이' 이다."라는 관점을 고수하며 사람의 마음을 밝힐 수만 있다면 '이' 는 저절로 깨닫게 된다며 굳이 넓게 보고 많이 읽을 필요가 없다고 주장했답니다. 주희는 육구연의 심학(心學)을 반박하며 그의 사상은 사실 불교의 선종(禪宗)과 비슷하다고 말했어요. 그러나 첫 번째 만남에서 두 사람은 승부를 가리지 못했답니다.

6년 뒤 백록동서원의 원장으로 있던 주희가 육구연에게 강연을 요청하면서, 두 사람의 두 번째 만남이 이루어졌어요. 육구연은 《논어》에 나오는 '군자는 의(義)에 밝고 소인은 이(利)에 밝다.' 는 구절을 주제로 강연을 마쳤답니다. 그런 뒤 두 사람은 다시 논쟁을 벌였고 끝내 승부를 내지 못했지요.

육구연이 세상을 떠나고 약 3백 년 뒤 중국 철학사에는 새로운 '심학' 의 거장이 나타납니다. 그가 바로 양명학파의 시조로 불리는 왕수인(王守仁, 1472~1529)으로 한때 샤오싱(紹興)의 양명호(陽明湖) 근처에 살며 양명학원을 세워, 사람들은 그를 양명선생이라고 불렀답니다.

왕양명은 젊은 시절 주희의 철학을 무척 좋아해 그가 주장한 '격물치지(格物致知)' 를 통해 성현의 한 사람이 되기 위해 최선을 다했답니다. 격물치지는 중국 사서(四書)의 하나인 《대학(大學)》에 나오는 말로 "사물의 이치를 규명하여 지식을 완전하게 한다"라는 뜻이에요.

한번은 주희의 말대로 대나무의 '이(理)' 를 찾으려고 일주일 동안이나 고생했지만 결국 찾지 못하고 몸만 상하고 말았지요. 이 일은 왕양명으로 하여금 탄식할 수밖에 없게 만들었답니다.

"성인(聖人)도 이 일은 이룰 수 없거늘! 천하의 사물이 이렇게나 많은 데 인간의 생명은 유한하니 하나하나 밝혀 천하사물의 이(理)를 안다는 것은 본래 불가능한 것이었구나."

당시 왕양명은 나이가 젊고 벼슬길도 순탄해 마음속으로 느낀 것을 뛰어넘고 싶다는 생각은 없었지요. 그러나 1508년 왕양명은 환관 유근(劉瑾)의 미움을 사 황제에게 벌로 곤장 40대를 맞고 구이저우(貴州)의 룽창(龍場)으로 쫓겨나게 됩니다. 이 사건을 계기로 그는 서서히 생명의 의의를 깨닫게 되지요.

한 사람의 심신은 큰 상처를 입었고, 또 낯선 곳에 내팽개쳐졌어요. 그곳에는 친척도 친구도 없었지요. 그에게는 모든 것이 변한 것이에요. 심지어 자기 자신도 변했고요. 이런 고독과 슬픔, 굴욕, 억압의 심정은 왕양명이 한 번도 겪어보지 못한 것이었고 그는 적나라한 자신과 마주하게 됩니다.

그러나 정말 모든 것이 다 변했을까요? 아니, 사실 그들은 변하지 않았어요. 변한 것은 오직 자신의 마음뿐이었지요. 그 순간 왕양명은 큰 깨달음을 얻었답니다.

룽창에서 3년을 보내는 동안 왕양명은 그곳 사람들의 도움을 받으며 그들의 온정을 느끼게 되지요. 이를 통해 그는 다시 한 번 분발하고 좀 더 빨리 깨달음을 얻게 됩니다.

왕양명은 본래 아주 뛰어난 군사전문가이기도 했어요. 그는 여러 싸움에서 승리를 거두었고, 산적들을 완전히 토벌한 적도 있었답니다. 또한 영왕(寧王)의 반란을 평정하기도 했지요. 여러 전쟁을 치르며 왕양명은 한 가지 사실을 깨달았어요. "산 속의 도적은 무찌르기 쉬우나 마음속의 도적은 무찌르기 어렵다."

왕양명은 젊은 시절 주희의 철학을 무척 좋아해 그가 주장한 '격물치지(格物致知)'를 통해 성현의 한 사람이 되기 위해 최선을 다했답니다.

그는 통치자가 가장 정복하기 어려운 것이 바로 사람의 마음이라고 생각했어요. 그런데 주희의 '이'는 하나하나 손을 대야만 한다고 주장하니 너무 번거로워 사람의 마음을 정연하게 만들기에는 적당하지 않았지요. 그래서 왕양명은 심학으로 마음속의 도적을 무찔러야만 사회가 오랫동안 평안할 수 있다고 주장했답니다.

처음에 몸과 마음의 관계에서 시작한 왕양명은 인식활동 가운데 마음이 차지하는 위치까지 논하게 되었어요. 그는 마음과 몸의 다른 기관들은 서로 의존하고 있다고 주장했답니다. 예를 들어 사람이 보고 싶고 듣고 싶고 움직이고 싶은데 눈이 없고 귀가 없으며 사지가 없다면 아무것도 못하겠지요. 그런데 한편으로 몸은 마음을 떠나지 못해요. 마음이 몸을 지배하니까요. 만약 사람에게 마음이 없다면 그에게 눈이 있어도 자신이 무엇을 보고 왜 봐야 하는지 모를 것이에요. 다시 말해 마음이 있기에 보고 싶다는 의식이 생기고, 눈이 비로소 볼 수 있는 것이지요. 눈은 무엇을 봐야 할지 알게 되는데, 무엇이 예(禮)가 아니어서 보지 말아야 하며, 무엇이 예이기에 보아야 하는지 알 수 있게 됩니다.

마음이 지각과 의식을 낳지만 지각과 의식은 또한 구체적인 사물을 벗어나지 못해요. 따라서 모든 사물은 의식과 지각이라는 주관적 조건을 떠나 절대로 독립적으로 존재할 수 없어요. 사물은 마음을 떠나 독립적으로 존재할 수 없다는 뜻이지요. 왕양명은 이에 대해 다음과 같은 결론을 내렸어요. "마음 밖에 존재하는 사물은 없다(無心外之物)."

사실 이런 왕양명의 표현방식은 사람들의 오해를 사기 십상이에요. 자신의 뜻을 전달하기 위해 사용한 "마음 밖에 존재하는 사물은 없다."라는 말은 "사물은 마음이 존재하기에 더 의미 있게 변한다."라고 하는 것이 옳은 표현이랍니다.

왕양명이 말한 "마음은 이(理)다."라는 말을 이해할 때는 그가 주희의 이학을 겨냥해 이 사상을 제시했다는 사실을 잊어서는 안돼요. 사실 주희 역시 마음과 '이'의 문제에 대해 언급하며 "마음은 '이'다."라고 말한 적이 있답니다. 그러나 왕양명은 주희가 말한 "마음은 '이'다."라는 말은 마음이 '이'의 뜻을 주관하고 있다는 뜻이라고 주장했어요. 주관한다는 말은 마음과 '이'가 다름을 의미해요. 마음이 주관하는 것이 마음일 리 없기 때문이지요. 게다가 주희는 이런 말도 했답니다. "나의 마음으로 각각의 사물들 가운데 있는 '이'를 구해야 한다." 즉, '이'를 마음속에 들어가게 하는 것이지요. 그렇다면 '마음'과 '이'의 합(合)은 둘 사이를 나눌 수 있는 전제조건이 되는 것이 아닐까요?

사실 이 문제는 왕양명에게는 큰 문제가 되지 않았어요. 주희는 '이'가 마음 밖에 있다고 했지만, 왕양명은 '이'가 마음속에 있다고 주장했기 때문이지요. 왕양명이 보기에 '이'는 마음 밖에 존재할 수 없었답니다. 인간의 능력으로는 절대 '격물치지'를 이룰 수 없기 때문이지요. 게다가 '이'가 마음 밖에 있다면 수많은 봉건논리의 도덕도 실행할 방법이 없게 됩니다. 예컨대 '효(孝)'를 주희의 표현방법에 따라 말하면, 사람들은 종종 부자 혹은 모자 관계에 있을 때만 효를 탐구할 수 있다고 오해하게 됩니다. 그렇다면 일단 아버지나 어머니가 돌아가시면 '효'가 존재하지 않는 것입니까? 왕양명은 단호히 아니라고 대답해요. 그는 사람의 마음을 논리화시켜 마음은 양지(良知, 양명학에서 마음의 본성을 이르는 말)라고 주장했어요. 이렇게 격물치지는 사물들의 치양지(致良知, 모든 사람이 가지는 선천적이고 보편적 마음의 본체인 양지를 실현함)에 이르는 것이에요. 양지는 사람의 마음속에 존재하는 것으로 밖에서 구할 필요가 없답니다.

왕양명이 말한 마음은 사람의 마음으로 일종의 자아의식이며 인식작용과 도덕관념을 모두 포함해요. 천지만물이 모두 마음속에 있으니, 만약 마음이 없다면 모든 것은 존재하지 않겠지요. 이처럼 자신의 마음

왕양명은 말했어요. "마음 밖에 존재하는 사물은 없다."

외에는 어떤 사물도 확정적인 것은 없어요. 왕양명은 "마음 밖에 존재하는 사물은 없다."고 말했는데 그렇다면 마음은 사물의 일종일까요, 아닐까요? 만약 사물이 아니라면 마음은 '허무'가 되는 게 아닌가요? 반대로 만약 사물이라면 자신이 아닌 다른 사람의 마음이 존재한다고 왕양명이 인정하는 게 아닌가요? 이는 "마음 밖에 존재하는 사물은 없다."라는 그의 말과 서로 모순되지 않나요?

어쩌면 이 문제를 왕양명에게 따져 물을 필요는 없을 것 같네요. 그의 '마음 밖에는 사물이 없다.' 라는 명제는 아일랜드의 철학자 조지 버클리(George Berkeley, 1685~1753)가 주장한 '존재한다는 것은 지각(知覺)된다는 것(Esse est percipi)' 이라는 명제와 매우 비슷하기는 하지만, 엄밀히 말해 차이가 있기 때문이지요.

앞서 말한 것처럼 왕양명의 '마음 밖에 사물이 없다.' 라는 명제는 대부분 '의미' 의 각도에서 이야기한 것이에요. 이를테면 "하늘에 나의 마음이 없다면 누가 그를 떠받들어주겠는가? 땅에 나의 마음이 없다면 누가 그를 굽어보겠는가?"라는 그의 말은 사람의 마음이 하늘과 땅의 존재에 관심을 갖고 있기에 의미 있게 바뀐다는 뜻이랍니다.

왕양명의 심학은 인생의 경험을 통해 깨닫게 되는 것이지, 증명되는 것이 아닙니다. 이 점을 깨달았다면 왕양명과 함께 생각의 길을 걸으며 이 세상을 경험하고 느껴보는 것도 좋을 듯해요. 어쩌면 세상에 대해 또 다른 느낌을 받게 될 수 있을 테니까요.

"덕(德)을 세우고, 말(言)을 세우고, 공(功)을 세우라."

이는 중국에서 널리 알려진 말로 삼불후(三不朽)로 여겨지는 것이에요. 삼불후란 영원히 없어지지 않는 세 가지를 이르는 말로 공자의 《춘추(春秋)》를 해석한 《좌씨전(左氏傳)》에서 유래한 성어랍니다. 아마도 이 세 가지를 한꺼번에 이룰 수 있는 사람은 극소수일 것이에요. 위대한 철학자라는 호칭을 들으면서 뛰어난 전공(戰功)을 세울 수 있는 사람은 더욱 드물겠지요. 그런데 왕양명이 바로 그런 사람이었어요.

왕양명은 57년간 사는 동안 보통 사람보다 뛰어난 재능을 자랑했고, 후세 사람들의 존경을 받았지요. 그러나 그가 살면서 유난히 많은 풍파를 겪은 것은 자신의 때를 만나지 못했기 때문이었는지, 하늘이 그의 재주를 시기한 탓인지 알 수 없어요. 이런 왕양명을 위해 세상이 불공평하다고 불평을 늘어놓을 필요는 없어요. 그런 시대가 바로 우리가 잘 알고 있는 왕양명을 만들어냈으니까요. 다만 우리가 그를 대단하다고 여기는 것은 그가 자신의 진심과 학설을 한 번도 포기한 적이 없었다는 점이랍니다.

여섯 번째 이야기

내 마음속의 우주

중국 당(唐)나라 고종(高宗) 때, 혜능(惠能)이란 스님이 광저우(廣州)를 지나는 길에 법성사(法性寺)에 들렀어요. 마침 절에서는 인종법사(印宗法師)가 법회(法會)를 열고 있었지요. 그런데 땅거미가 질 무렵 갑자기 큰 바람이 불더니 절 안에 걸린 깃발이 휘날리기 시작했어요. 이 광경을 본 두 스님이 말다툼을 벌였답니다. "바람이 움직이고 있구먼. 만약 바람이 없다면 어떻게 깃발이 흔들리겠는가?" 그러자 다른 스님이 말했지요. "무슨 소린가? 깃발이 움직이고 있는 게지. 깃발이 움직이지 않는다면 바람이 움직이는 걸 어찌 알겠는가?"

두 사람은 서로 자신이 옳다고 주장하며 상대방의 말을 인정하려 하지 않았어요. 결국 두 스님은 인종법사에게 가르침을 구했답니다. 그러자 인종법사는 가볍게 한숨을 내쉬며 말했지요.

"우주는 끝이 없고 사람의 능력은 한계가 있게 마련이지. 짧은 생각으로 무한한 이치를 깨달으려 하는 건 시간 낭비일세. 바람이 움직이든 깃발이 움직이든 그게 뭐 그리 대단한 일인가. 어떤 것이 옳은지 알려고 할수록 골치만 아플 뿐이라네."

인종법사의 말을 가만히 듣던 혜능이 입을 뗐어요.

"비록 우주가 넓긴 하나 그 이치를 아예 알 수 없는 것은 아닙니다. 이렇듯 바람이 불어 깃발이 날리는 것은 바람이나 깃발이 움직이기 때문이 아닙니다. 단지 사람의 마음이 움직이는 것이지요."

이 말에 스님들은 놀라워하면서도 한편으로 그 깊은 뜻을 궁금해 했답니다. 그러자 혜능은 담담히 말을 이었지요.

"이 세상이 넓다하되 그 모두가 내 마음 속에 있으니 자신의 마음을 알면 세상을 아는 것과 마찬가지라오. 그러니 어찌 알 수 없는 일이 있겠소? 두 스님께서 말싸움을 하셨지만 마음이 움직이지 않았다면 어떻게 바람이나 깃발이 움직인 것을 알았겠소? 마음이 움직인 것을 알았다면 그것으로 족하지요. 바람이 움직였는지 깃발이 움직였는지 굳이 알아 무엇 합니까?"

혜능은 중국 불교 역사상 매우 존경받는 스님으로, 중국 영남(嶺南) 지역의 모든 절에는 그의 불상(佛像)이 있을 정도랍니다. 불교사(佛敎史)를 살펴보면 혜능은 타고난 총기를 가진 사람으로 24세에 뒤늦게 스님이 되었어요. 불교에 귀의하기 전까지 장작을 팔아서 생계를 이을 정도로 가난하여 비록 공부는 못했지만 사물에 대한 깨달음이 깊어 스승인 홍인대사(弘忍大師)의 사랑을 받았지요.

중국 선종(禪宗)의 5조(五祖)였던 홍인대사는 자신을 계승할 6조(六祖)를 뽑기 위해 제자들에게 다음과 같은 조건을 내걸었어요.

"누구든 불교의 가르침을 깨달은 바대로 시로 표현할 줄 알고 그로써 선(禪)의 정수를 정확히 짚어낼 줄 안다면 그에게 선법(禪法)을 물려줄 작정이다." 홍인대사에게는 8백여 명의 제자가 있었고 그 가운데 신수(神秀)란 스님도 있었어요. 그는 혜능보다 서른세 살이나 많았고 이미 14세란 어린 나이에 출가한 사람이었어요. 또한 학문과 덕망이 뛰어나 제자들 가운데서도 유독 눈에 띄는 인물이었지요. 따라서 다른 제자들 모두 신수가 홍인대사의 뒤를 이을 것이라 굳게 믿었답니다.

신수는 붓을 들더니 벽에 모두의 기대에 어긋나지 않는 시구를 적어냈어요. "이 몸이 보리수라면 이 마음은 명경대(明鏡臺, 틀이 있는 거울)니 시시때때로 털고 닦아 먼지 티끌이 묻지 않게 하리."

사람들은 이 시에 감탄했고 홍인대사 역시 마음에 들어 했지요. 당시 혜능은 절에 갓 들어온 신출내기로 아무도 그를 눈여겨보지 않았어요. 그러나 신수의 시구를 본 혜능은 곧장 그 옆에 반박하는 시구를 적었답니다.

"보리는 본래 나무가 아니요 거울 역시 틀이 없으니 원래 아무 사물이 아니거늘 그곳에 어찌 먼지 티끌이 앉겠는가."

이 시구에 무척이나 만족한 홍인대사는 선법을 혜능에게 물려주었고 혜능은 선종의 6조(六祖)란 호칭을 얻게 되었어요. 그러나 오랫동안 불도를 닦아온 신수로서는 도무지 이 보잘 것 없고 젊은 혜능을 6조로 인정하기 어려웠지요. 결국 그는 많은 스님들을 이끌고 혜능을 잡으러 나섰고, 그 길로 몸을 피한 혜능은 15년 동안 전국을 떠돌아 다녔어요. 그러나 혜능은 도망치는 생활 속에서도 사람들에게 선법을 알리는 것을 게을리 하지 않았답니다.

조지 버클리는 모든 사물이 그들을 느낄 수 있는 마음을 떠날 수 없으며, 혹은 만물의 모든 존재가 사람의 마음 속에 있다고 보았답니다.

이렇게 하여 훗날 선종은 신수의 북종(北宗)과 혜능의 남종(南宗)으로 나뉘게 되었어요.

위의 두 가지 이야기에서 알 수 있듯이 혜능은 부처는 항상 마음속에 있으며 자신의 마음을 잘 닦을 것을 강조했답니다. 바깥의 도움을 바라지 않고 마음을 수련하다보면 언젠가 깨달음을 얻을 것이란 혜능의 생각은 불교의 기본적인 교리와도 일치해요.

사실 불교에 대해 잘 모르는 사람이라 해도 세상 모든 일이 덧없다든지, 세상일이 눈 깜짝할 새에 지나가니 모든 욕심을 버리고 마음을 닦다 보면 극락에 이르리란 불교의 기본적인 가르침은 들어본 적이 있을 것이에요. 그러나 혜능은 오히려 우주를 마음에 품고 모든 것이 다 마음속에 있으니 그 마음의 움직임을 알아채는 것이 중요하다고 주장했답니다.

혜능의 이런 생각은 철학적으로 볼 때 17, 18세기 아일랜드의 철학자 조지 버클리(George Berkeley)의 주장과 거의 흡사해요. 그러나 버클리의 신앙은 하느님이었고 50세에는 성공회 주교가 되었어요. 그는 자신이 믿는 하느님에 대한 엄청난 열정을 바탕으로 철학을 연구했고 무신론에 반대했으며 성공회 신학을 지키는 것을 평생의 사명으로 여겼답니다.

버클리의 가장 유명한 철학적 관점은 '존재한다는 것은 지각(知覺)된다는 것' 이에요. 그는 모든 사물이 그들을 느낄 수 있는 마음을 떠날 수 없으며, 혹은 만물의 모든 존재가 사람의 마음속에 있다고 보았답니다.

버클리는 여러 성질이 함께 모인 것이 사물이라고 주장했어요. 예를 들어 사과는 붉은 색과 단 맛, 상큼한 향기, 둥근 모양 등의 성질로 조합된 것이지요. 그러나 이런 성질들은 모두 사람의 감각이랍니다. 색과 맛은 그렇게 느껴지는 감각이며 차갑고 뜨거운 것 역시 감각이지요. 무게나 넓고 긴 성질 역시 사람이 느끼는 감각에 불과해요. 사람의 감각 외에는 어떤 것도 확실한 것은 아니라는 말이지요.

한번은 버클리가 친구와 함께 정원을 걷고 있었답니다. 그런데 우연찮게 돌멩이를 하나 걷어차게 된 친구가 물었지요.

"난 방금 이 앞에 돌이 있는 줄 몰랐는데, 그럼 내가 찬 저 돌은 원래 존재하지 않았던 건가?"

버클리는 한참을 생각하더니 대답했어요.

"자네 발이 아픔을 느꼈다면 돌은 존재한 것이고, 아프지 않았다면 돌은 존재하지 않은 것이지."

사물이 사람이 느낄 수 있어야 존재하는 것이라면 사람이 느끼지 못했다면 존재하지 않는 것일까요? 학교에 갔다고 생각해봅시다. 분명 학교도 보고 선생님의 책걸상도 만질 수 있으니 학교의 분위기를 느낄 수 있겠지요. 다시 말해 학교가 존재한다고 말할 수 있지요. 그러나 집으로 돌아와 학교를 느낄 수 없다면 학교가 감쪽같이 사라지게 될까요? 그리고 다시 등교를 할 때 학교가 나타나는 걸까요?

이 문제의 해답을 생각해본다면 버클리의 주장은 조금 억지가 있다는 사실을 느낄 수 있지요. 그는 당신이 학교를 느낄 수 없을 때는 학교가 존재하지 않는다고 말했지만 학교가 정말 사라지는 것을 말한 것은 아닙니다. 학교는 여전히 그곳에 존재해요. 설사 당신이 느끼지 못한다고 해도 누군가 느낄 것이고 모든 사람이 느끼지 못한다고 해도 전지

전능한 신은 느낄 테니까요. 버클리는 주님의 눈동자는 세상 곳곳을 본다고 말한 적이 있답니다.

세상의 사물이 사람이 느끼기 때문에 존재한다면 사람의 감각은 어떻게 존재하는 것일까요? 버클리는 감각이 하느님으로부터 온다고 말했어요. 그의 말에 따르면 사람을 포함한 세상의 모든 것은 하느님의 게임 속에 있는 것이에요.

앞서 이야기한 철학자 왕양명의 "마음 밖에 존재하는 물질은 없다."라는 관점도 버클리의 '존재한다는 것은 지각된다는 것' 이라는 관점과 비슷하지요.

한번은 왕양명과 친구들이 함께 남진(南鎭)에 놀러갔는데 친구 하나가 바위 사이에 핀 꽃을 가리키며 그에게 물었어요.

"자네가 마음 밖에 있는 사물은 없다고 했지만 저 꽃을 보게나. 이렇게 깊은 산 속에 스스로 피어 있는 저 꽃이 나의 마음과 무슨 관계인가?"

그러자 왕양명이 대답했지요.

"자네가 꽃을 보지 않았다면 저 꽃은 자네와 함께 조용히 있었겠지. 그런데 자네가 저 꽃을 보자 꽃의 색도 한순간 선명해진 것이야. 이처럼 저 꽃은 결코 자네의 마음 밖에 있는 것이 아니라네."

여기서 왕양명은 자신이 주장한 개념을 꽃에서 꽃의 색으로 바꾸어 버렸지요. 이러한 설정에서 보건대 버클리와 왕양명의 관점은 다소 차이점이 있어요. 왕양명은 의미상의 각도에서 세상만물을 보는 데 집중했답니다. 사람의 마음이 있기에 사물의 존재가 더욱 의미가 있다는 것이지요. "하늘에 나의 마음이 없다면 누가 그를 떠받들고 땅에 나의 마음이 없다면 누가 그를 굽어보겠는가?"라는 그의 말처럼 말이에요.

세계가 원래 어떤 모양이었는지는 우리가 알 수 없어요. 그러나 우리가 인식하는 세계는 모두 사람의 손이 닿은 것이지요. 물론 사람이 없어도 세상은 원래대로 돌아가겠지만 뭔가 부족하게 될 것이에요. 어쨌든 사람은 이 세상에 많은 것을 제공했어요. 사물에게 이름을 주어 그 경계를 나눈 것처럼 말이지요.

평평한 땅이 고개가 되고 고개가 다시 산봉우리가 되지만, 그 멀고 가까움 높고 낮음은 서로 다르게 마련이에요. "여산의 진면목을 볼 수 없는 것은 내가 이 산 안에 있기 때문이다."(不識廬山眞面目, 只緣身在此山中)라는 소동파의 시구는 인류가 세계를 인식하는 수준이 어디까지 와 있는지를 잘 보여줍니다.

철학 여행 4

경험 세계로의 회귀

20세기에 들어서면서 대부분의 서양 철학자들은 경험주의의 입장에 서서 전통철학의 기본사상을 부정하려고 노력했어요. 그들은 세계의 본질에 대해 탐구하는 전통철학이 아무런 의미도 없으며 철학은 경험의 세계로 돌아와야 한다고 주장했답니다. 일상생활을 주목하고 현실의 사회문제를 논의해야 한다는 것이지요. 전통철학이론과 서로 비교하자면 현대철학은 우리가 처한 경험세계로 눈을 돌렸으며, 알 수 없는 '형이상학'의 문제로 골치를 썩히지는 않았어요.

현대과학의 충격 속에 철학은 '형이상학'의 문제를 포기하고 경험의 세계로 돌아선 것이에요.

세계의 본질에 대한 문제는 2천 년이 넘게 철학자들이 논쟁을 벌였지만 오늘날까지도 아무 결과를 얻지 못했어요. 다른 과학 분야는 모두 눈부신 발전을 거뒀지만 철학만은 제자리에서 뱅뱅 돌고 있었던 셈이에요. 철학에서 이야기하는 '형이상학'의 문제는 실험을 통해 증명할 수 없으며, 그저 서로의 주장이 옳다고 다투는 것에 불과해요. 당연히 이런 토론에는 끝이 있을 수 없지요. 그래서 현대과학의 충격 속에 철학은 '형이상학'의 문제를 포기하고 경험의 세계로 돌아선 것이에요.

철학자들은 다시는 본질의 문제를

건드리지 않았어요. 그들은 다만 눈앞에 있는 생활세계의 문제를 고민하고 거기에 맞는 답을 찾고자 했지요. 세계가 원래 어떤 모양인지는 사실 우리의 일상생활과는 아무 상관도 없겠지요. 게다가 이 문제는 이미 사람의 인식능력 범위를 뛰어넘는 것이니, 계속 찾겠다고 고집한들 사람들이 신뢰할 만한 답을 찾기 어렵겠지요.

현실과 철학의 이중 위기에 맞서 현대 철학자들은 이론을 가지고 생활 속의 여러 문제들을 대답하고 설명하는 한편, 현실사회의 변화에 맞도록 철학을 바꿔갔어요. 그렇게 전통철학이 버려진 뒤 다양한 현대철학이론이 나타났답니다. 어떤 이론은 오래된 사상의 속박에서 벗어나 새로운 눈으로 세계를 바라보며 인간의 생명과 자유를 변호하려고 했지요. 또 어떤 이론은 현대과학과 발걸음을 맞춰 철학의 과학화를 강조하며 지식의 진보와 그 증명에만 관심을 두었고요.

모든 철학이론 가운데 마르크스주의철학은 독자적인 한 계파를 이루어냈어요. 마르크스주의철학은 경험세계로 돌아왔을 뿐만 아니라, 우리가 살고 있는 경험세계를 직접 바꾸려 했기 때문이에요. 그의 사상은 책 속에 머물지 않고 격렬한 사회투쟁 속으로 뛰어들었어요. 또한 그의 사상은 잘못된 것을 질책하거나 비판하는 수준을 뛰어넘어 적극적으로 이상사회의 청사진을 제시했답니다.

첫 번째 이야기

인간의 의지

서양에서 기독교의 영향은 보편적이에요. 앞서 소개했던 철학자들 가운데 특히 유심주의 세계관을 가진 철학자들은 대개 하느님의 존재를 부정하지 않았답니다. 그러나 19세기 후반에 들어서면서 한 독일인이 목소리 높여 이렇게 선포했어요. "신은 죽었다!" 그는 세상에 우상이라 불리는 모든 사물들의 가치를 재평가했어요. 그는 이 세상에 보편적이고 절대적인 진리는 존재하지 않는다고 주장했지요. 그는 이렇게 말했어요. "오직 나만이 '진리'의 근거를 파악했으며, 내가 유일한 중재자이다."

이 교만한 독일인의 이름이 바로 유명한 철학자 니체(Friedrich Wilhelm Nietzsche, 1844~1900. 독일의 시인이자 철학자로 실존주의철학의 선구자)랍니다. 그의 철학은 불과 같이 강력한 힘으로 그가 끔찍이도 싫어하는 모든 것들을 태워버렸을 뿐만 아니라, 훗날 우리의 숨어 있던 열정에도 불을 붙여주었지요.

니체는 어려서부터 몸이 약해 평생 동안 신경증과 약시(弱視), 현기증 등의 질병에 시달렸답니다. 그는 한눈에 보기에도 머리는 유난히 크고 몸은 말랐으며, 눈에는 약간 사시가 있었어요. 게다가 머리가 좋았던 소년 니체는 또래아이들과 어울리려 하지도 않았고, 여동생과 노는 것 외에는 늘 책을 들고 살았지요.

19세기 후반에 들어서면서 한 독일인이 목소리 높여 이렇게 선포했어요. "신은 죽었다!"

니체는 어린 시절 우아한 행동거지를 보이고 남의 말을 차분히 듣는 학생으로, 남는 시간에는 조용히 《성경》을 읽었고, 친구들에게 '작은 목사님'으로 불렸답니다. 집안사람들(어머니와 할머니, 두 분의 고모)은 이런 니체를 무척 사랑했고 목사로 만들기 위해 본 대학에 보내 열심히 신학공부를 시켰지요. 니체의 아버지와 할아버지 모두 목사였고, 어머니와 할머니 역시 목사의 딸이었답니다. 게다가 니체가 《성경》을 읽는데 그토록 힘을 쓰니 목사가 되는 게 잘 어울린다고 생각했지요.

만약 세상 모든 일이 사람의 생각대로만 된다면 그다지 실망할 일이 없겠죠. 물론 그만큼 많은 즐거움들도 줄어들었겠지요. 니체는 대학에 들어간 지 1년도 되지 않아 자신이 기독교 신학을 지독히 싫어한다는 사실을 발견했어요. 그는 스스로 좋아하는 학과를 찾았는데 바로 고대 그리스 문학이었답니다. 니체는 다음 해 유명한 언어학자이자 자신이 좋아하던 리츨 교수가 학교를 옮기자 그를 따라 라이프치히 대학으로 갔어요. 리츨 교수는 니체가 그가 만난 학생 가운데 가장 뛰어난 천재라고 칭찬했답니다. 그리고 그의 추천으로 25세의 젊은 니체는 대학 졸업 1년을 앞두고 스위스 바젤 대학의 언어학 교수가 됩니다.

니체는 젊은 나이에 보통 사람들이 얻기 힘든 지위와 명예를 얻었지만, 그렇다고 삶이 마냥 즐거워진 것은 아니었어요. 지긋지긋한 지병이 줄곧 그를 괴롭혔기 때문이지요. 특히 29세에 첫 번째 책《비극의 탄생(Die Geburt der Tragodie)》을 출판한 뒤에는 몸이 하루가 다르게 나빠져 일 년에 200일 이상은 일을 할 수 없었답니다. 심각한 신경쇠약과 끔찍한 두통이 그를 쇠약하게 만들었고, 그의 강의를 들으러 오는 학생도 거의 없었어요. 결국 아무 미련 없이 10년 동안의 대학생활을 정리한 니체는 그 뒤 10년 동안 유랑생활을 하게 됩니다.

더 안타까운 점은 니체가 갈수록 동시대 사람들의 사랑을 받지 못하게 되었다는 사실이에요. 그는 늘 까다로운 시선으로 자신이 싫어하는 모든 것을 비웃었답니다. 종교, 민족, 국가, 도덕, 종족주의, 사람을 바보로 만드는 음악, 심지어 여자까지 그 어느 것도 그의 마음에 들지 않았죠. 그는 당시 학술계에 전혀 어울리지 않는 사람이었어요.

니체는 자신의 첫 작품을 쓸 때만해도 내용에 창의성이 있을지언정 형식이나 스타일은 당시의 학술규범에 어긋나지 않게 글을 썼어요. 그러나 그는 갈수록 조목조목 옥죄어오는 속박이 견딜 수 없었고 이런 상황을 깨버려야겠다고 마음먹었답니다. 어쩌면 자신의 몸을 억누르는 병들 때문에 더욱 영혼의 자유를 갈구했는지 모릅니다. 그는 시적인 언어와 비유, 예언, 격언 등을 사용해 자신의 사상을 표현했어요. 그리고 전통에 반하는 그의 기술방법은 역시나 전통에 반하는 그의 사상을 더 빛나게 해주었답니다.

플라톤 이래로 철학 작품을 시처럼 우아하고 화산처럼 폭발력 있게 쓸 수 있는 철학자가 몇이나 될까요? 또한 그의 책 《차라투스트라는 이렇게 말했다(Also sprach Zarathustra)》처럼 교향곡으로 변신해 사람들에게 연주될 수 있는 책이 얼마나 될까요? 니체는 이렇듯 황폐화된 몸을 갖고도 사람들의 마음을 울렸답니다. 그의 전기(傳記)를 살펴보면 인류에게 많은 사상을 전해주기 위해 그가 얼마나 서둘렀는지 충분히 느낄 수 있어요. 그는 자신을 돌보지 않은 채 자신을 표현하고 창조하며 또한 확장하고 초월하는 데 매진했지요.

니체가 56년이라는 길지 않은 인생을 사는 동안, 대학에 입학하기 전까지는 스스로 무엇을 원하는지 몰랐어요. 즉, 그 시간들은 진정으로 그에게 속한 것이 아니었지요. 그는 힘겹게 생명의 중심을 찾았지만, 병으로 인해 일 년에 절반은 일하거나 생각할 수도 없었어요. 그리고 인생의 마지막 10년은 미친 상태로 보냈으며 정신이 돌아오지 않았답니다. 니체는 인간이 하느님이 하릴없이 창조한 장난감이란 것을 참을 수 없었으며, 인간이 만든 모든 것이 하느님의 심판을 받아야 한다는 것을 참을 수 없었어요. 게다가 하느님 앞에 무릎을 꿇고 잘 보이려 하는 것은 더 참을 수 없었죠. 그래서 니체는 이렇게 말한 것이에요.

니체는 소크라테스 이후의 철학을 비판했어요.

"신은 죽었다!" 사람을 포함한 세상 모든 만물을 통찰하는 하느님은 죽지 않을 수 없어요. 여기 니체라는 증인이 살아있으니까요. 하느님은 사람들의 동정을 받으며 죽었어요. 하느님은 사람들이 어떻게 자신을 십자가에 못 박는지를 보고 참을 수 없었을 테지요.

하느님은 죽었어요. 바로 그의 유아독존 때문에 죽은 것이에요. 하느님은 질투심으로 죽은 것이에요. 하느님은 오직 하나의 신만을 인정했고, 다른 많은 신들을 인정하지 않았어요. 그러나 다른 신들은 하느님의 인정을 필요로 하지 않았지요. 그래서 하느님은 분노에 못 이겨 죽은 것이에요.

하느님이 죽은 뒤 비로소 사람은 자신의 주인이 될 수 있게 되었어요. 사람은 도덕과 예의의 속박에서 벗어나야 하며, 이성으로 비이성의 충동을 억압해서는 안 됩니다. 그리스 신화 속 술의 신 디오니소스처럼 살아야 한다는 것이 니체의 강력한 주장이었지요.

니체는 소크라테스 이후의 철학을 비판했어요. 소크라테스 이전만 해도 그리스의 문화는 줄곧 직감과 본능에 의지했답니다. 그러나 "지식이 미덕이다."라는 소크라테스의 구호로 지식을 의지하는 것이 만병통치약이 된 뒤로 서양철학은 줄곧 이 노선을 걸어왔답니다. 그리고 사람들이 가진 비이성적 생명본능은 짓눌려 죽었던 것이에요. 그러나 이 본능이야말로 생명의 가장 본질적인 것이라 할 수 있어요.

고대 그리스에서는 매년 술의 신 디오니소스의 날이 되면 사람들 모두 미친 듯이 놀고 거침없이 술을 마셨어요. 또한 아무런 구속 없이 춤추고 노래했지요. 그들은 이성과 도덕을 잊어버리고 대신 생명의 본능에 도취했어요. 그런 이유로 니체는 디오니소스야말로 진실과 파괴, 광분, 본능을 대표하며, 일종의 무한한 생명력을 드러낸다고 보았답니다. 또한 디오니소스는 인간의 가장 원시적인 충동이 모두 해방을 얻었음을 의미해요. 디오니소스의 세계는 술에 취한 세계였고, 개인의 생명과 세계의 생명이 하나가 된 세계였어요. 이러한 생명세계야말로 진정한 세계이며 권력의지가 지배하는 세계인 것이에요.

1865년 21세가 된 니체는 그의 스승 리츨 교수와 함께 라이프치히로 왔어요. 하루는 어느 고서점에 들렀다가 우연찮게 한 권의 책을 발견하게 되었답니다. 책을 몇 장 넘겨보던 니체는 놀라지 않을 수 없었고, 누가 볼 새라 그 책을 안고 집으로 돌아와 먹는 것도 마다하며 2주 동안 책읽기에 매달렸어요. 니체는 마치 진정한 친구를 만난 것 같았답니다. 그 책은 마치 그를 위해 특별히 쓴 것 같았거든요. 책과의 심적인 교류를 통해 그는 다시 태어났어요.

그 책은 바로 독일의 또 다른 유명한 철학자 쇼펜하우어(Arthur Schopenhauer, 1788~1860. 독일의 철학자로 염세사상의 대표자)의 저서 《의지와 표상(表象)으로서의 세계(Die Welt als Wille und Vorstellung)》였답니다. 쇼펜하우어는 19세기 말 사람으로 니체가 이 책을 읽었을 당시 이미 이 세상 사람이 아니었어요.

쇼펜하우어는 흔히 생각하는 철학자가 가져야 할 특징을 거의 모두 갖고 있었지요. 보통 사람을 훌쩍 뛰어넘는 두뇌와 괴팍하고 오만한 성격을 지녔으며, 지나치게 깔끔하고 조그만 소음에도 참지 못했답니다. 또한 아버지가 물려준 유산으로 생계를 걱정할 필요가 없었기에 철학 창작에만 온전히 매달린 데다 평생 결혼도 하지 않았어요.

모든 철학자들이 그러하듯 쇼펜하우어 역시 자신의 창작이 사람들의 인정을 받기를 원했답니다. 그는 자신이 쓴 《의지와 표상으로서의 세계》에 무척 만족하며, 출판사 대표에게 자신의 책은 낡은 사상의 먼지만 털고 새로 포장한 것이 아니라 빈틈없고 독창적인 사상으로 구성되어 있다고 자신 있게 말했어요. 그러나 안타깝게도 천재의 사상은 같은 시대의 사람들에게 인정받기 어려웠는지 당시 겨우 1백여 권 밖에 팔리지 않았어요.

쇼펜하우어는 실망했지만 포기하지 않았어요. 베를린 대학에서 강의를 하게 된 그는 분명 많은 학생들이 자신의 강의를 들으러 올 것이라 확신했답니다. 그러나 당시 독일대학의 철학 강의는 헤겔로 대표되는 이성철학이 장악하고 있던 터라 쇼펜하우어의 비이성(非理性) 철학을 이해할 수 있는 사람이 거의 없었지요. 그러나 쇼펜하우어는 헤겔과 같은 시간에 강좌를 개설해서 누가 나은지 승부를 보고자 했어요. 결과는 예상하다시피 헤겔의 한판승이었고, 쇼펜하우어는 크게 실망하고 말았답니다.

오랫동안 실망을 거듭해온 쇼펜하우어는 말년에 그의 철학을 알아본 사람들에게 큰 환영을 받게 됩니다. 1860년 9월 21일 비관주의자였던 쇼펜하우어는 비로소 답답한 세상의 고난을 벗어던지고 만족스럽게 세상을 떠날 수 있었지요. 그의 묘비에는 그의 생전 소망대로 그의 이름 '아르투르 쇼펜하우어' 만 새겨졌어요. 태어난 날도 죽은 날도 적히지 않았으며, 그에 대한 평가도 없었답니다.

쇼펜하우어는 우리가 인식하고 경험하는 세계는 진정한 세계가 아니며, 그 세계는 우리의 의지 속에서 나타나는 것이라고 생각했어요. 진정으로 존재하는 것은 의지이며, 이런 의지는 생존을 갈구하는 의지이고, 이런 의지의 분투는 세계 곳곳에서 끊임없이 일어나며, 세계는 끝없이 생존을 갈구하는 생명력에 의해 지배되지요. 사람은 왜 먹고, 마시고, 입고, 자려고 할까요? 모두 살아남기 위해서예요. 또한 사람은 왜 공부를 하고 일을 하나요? 이 또한 생존하기 위해서이지요. 사람이 하는 모든 일은 생존의 의지에 의해 지배되는 것이에요. 바로 이런 의지가 사람을 낳은 것이지요. 이를테면 음식을 먹고 싶다는 욕망의 지배를 받아 소화기계통이 생겨나는 것이에요. 지식을 탐구할 필요가 있었기에 대뇌가 생겨난 것이며, 보고 싶었기에 눈이 있는 것이며, 무언가를 잡고 싶기에 손이 있는 것이지요.

쇼펜하우어는 사람의 몸에 있는 모든 기관조직은 생존의 의지에서 파생되었다고 보았어요. 이는 동물뿐만 아니라 식물도 마찬가지예요. 식물이 높은 곳을 향해 가지와 잎을 뻗치는 것은 더 많은 햇볕과 공간을 다투기 위한 것이며, 뿌리를 더 깊이 내리는 것은 더 많은 수분과 양분을 얻기 위한 것이지요. 이 모두가 더 잘 생존하기 위해서예요. 여기에서 미루어 알 수 있듯이 세상만물 가운데에 그렇지 않은 존재는 없답니다.

쇼펜하우어가 단지 생존의지만을 들어 세상만물을 설명했다면 어느 정도 일리가 있다고 할 수 있어요. 사람이 살면서 가장 기본적인 것이 생존을 구하는 것이니까요. 설사 당신이 하는 모든 일에 고상한 목적이 있다 해도, 살아있지 않다면 아무것도 가능하지 않을 테니까요.

물론 세상의 모든 사물이 의지를 갖고 있는지는 확실하지 않아요. 오랫동안 인류는 스스로 만물의 영장임을 자랑해 왔어요. 하느님이 세상을 창조하셨다고 해도 하느님이 창조한 것 가운데 사람이 최고라고 생각했지요. 오직 동양의 불교만이 중생(衆生)은 평등하다고 가르쳤답니다. 그러나 불교의 제자들에게 돌이나 흙덩이 따위가 과연 생명이 있는 존재였을까요?

쇼펜하우어는 세계의 본질을 생존의지라고 주장했어요. 그러나 다른 철학자들과 마찬가지로 쇼펜하우어의 한계도 여기까지였답니다. 정신적인 것이 어떻게 물질적인 것으로 바뀔 수 있지요? 이 문제의 해답은 아마 영원히 찾을 수 없을 것이에요. 그 답을 알아내고 말겠다고 여러 철학자를 괴롭힐 필요는 없어요. 이 문제는 분명 생각해볼만한 가치가 있는 것이지만 모든 철학자들이 그렇듯 어떤 원만한 해결법도 찾지 못할 테니까요. 다만 우리는 어떤 답안을 내놓으려고 시도하는데 의

쇼펜하우어는 세계의 본질을 생존의지라고 주장했어요.

미를 두어야 할 것이에요.

분명히 그렇게 하면 안 되는 줄 알면서도 하는 것은 단순한 무지나 경솔함이 아니라, 사람의 용기예요. 니체 역시 사람의 위대한 점은 스스로 끝이 아니라 둘 사이를 이어주는 다리라고 한 것처럼 말이지요.

쇼펜하우어는 세계는 본질적으로 생존의지이기에 인간의 몸에 있는 생존의 본능, 즉 욕망이 인간의 이성을 압도한다고 주장했어요. 그러나 욕망은 본래 영원토록 만족할 줄 모르는 것이라서, 하나의 욕망이 실현되면 또 다른 욕망이 뒤따라오게 마련이에요. 이런 욕망의 지배 아래 놓인 사람은 영원히 행복과 안정을 체험할 수 없지요.

물론 쇼펜하우어 역시 사람의 삶 속에 행복과 즐거움이 존재함을 부정하지 않았답니다. 그러나 이런 즐거움은 찰나일 뿐이며 정작 이런 즐거움에 빠져 있을 때는 그 소중함을 깨닫지 못해요. 그러나 고통은 오래 가며 누구나 뼛속 깊이 느낄 수 있지요. 결국 그가 말한 대로라면 인생은 한 편의 비극이며 사소한 부분에서 약간의 희극을 맛볼 수 있을 뿐이에요. 쇼펜하우어는 니체에게 큰 영향을 끼쳤어요. 아니, 이렇게 말하는 편이 낫겠네요. 쇼펜하우어는 절묘하게도 니체의 마음속 이야기를 책에 펼쳐놓았어요. 니체는 세계가 본질적으로 의지에 있다는 쇼펜하우어의 관점에 동의했답니다. 그러나 니체가 말하는 의지는 생존의지가 아니라 권력의지였어요. 이는 다시 말해 생명력과 본능의 충돌에 비유할 수도 있는데요. 니체가 보기에 생명의 본질은 생존을 구하는 데 있을 뿐만

아니라 발전을 구하는 데 있었답니다. 다른 힘으로 동화(同化)되거나 다른 힘을 정복하면서 자신을 보호하고 발전시키는 것이지요.

"두 눈을 크게 뜨고 보시오. 당신이 사는 이 세상은 곳곳에 권력의지가 넘쳐나고 있소." 니체의 이 말처럼 서로 자신이 옳다고 주장하는 사람들의 다툼은 영원히 끝나지 않을 것이에요. 그러나 이는 비단 약육강식의 동물에게만 적용되는 것이 아니에요. 식물 역시 동화되거나 이화(異化)되려는 현상을 쉽게 목격할 수 있으니까요. 또한 우리의 눈으로 직접 볼 수 없지만 물리학의 인력(끌힘)과 척력(밀힘)의 대립, 화학의 분해와 화합 등도 그래요.

일반적으로 '권력' 이라고 말하면 사람들은 자신도 모르게 정치를 떠올릴 것이에요. 그러나 니체가 말한 '권력의지' 는 자신의 왕성한 생명력을 초월하는 것을 가리킵니다. 사람으로 말하자면 어려움에 맞서 용감하게 대항하는 적극적인 인생태도를 뜻해요. 니체는 우리에게 고대 그리스 비극의 영웅들처럼 살아야 한다고 주장했어요. 그들은 운명이 이미 정해져 있음을 알면서도 그런 운명에 맞서 끝까지 싸웠으니까요. 즉, 이렇게 결과를 따지지 않고 과정을 구하는 인생이야말로 진정한 인생이라는 것이에요.

니체는 비록 독일사회에 크게 실망했지만, 누군가 자신의 사상에 동의해주길 바랐어요. 그래야만 적어도 독일에 아직 희망이 있다는 뜻이 되니까요. 그러나 그런 그의 사상을 지지해주는 사람은 매우 드물었답니다. 한때 니체는 유명한 음악가인 바그너(Wilhelm Richard Wagner, 1813~1883. 독일의 작곡가로 작곡 이외에 많은 음악론과 예술론 등도 집필)와 둘도 없는 친구 사이였으며 서로 못할 이야기가 없을 정도였지요. 그러나

쇼펜하우어는 우리에게 인생의 슬프고 고통스러운 그림을 보여주었지만, 니체는 이 그림에 권력의지라는 영혼을 불어넣어 그림을 밝고 생동감 있게 만들었어요.

어느 순간 니체는 자신과 바그너의 사상이 너무나 다르며 심지어 전혀 반대란 사실을 깨닫게 됩니다. 그렇게 두 사람의 우정은 끝이 났고, 둘은 상대방을 조소하고 질책하는 적수가 되고 말았답니다.

비록 두 사람이 헤어지긴 했지만, 한때 아름다운 시절을 함께 보낸 것만은 확실해요. 니체는 그 뒤로 다시는 바그너와 더불어 음악과 철학, 쇼펜하우어에 대해 논하지 않았답니다. 그리고 마침내 니체의 사상이 사람들의 주목을 받게 되었을 때 그는 이미 제정신이 아니었어요. 세상의 모든 것이 갈수록 그와 멀어졌으니 뒤늦은 명예와 지위는 그에게는 아무 소용이 없었지요.

니체는 이런 말을 한 적이 있어요. "나는 아직 태어나지 않았다. 어떤 사람들은 죽은 뒤에 비로소 진정으로 태어난다." 그의 말은 틀리지 않았어요. 니체는 1900년에 세상을 떠났지만, 그의 사상은 백여 년이 넘도록 세상에 큰 영향력을 미치고 있으니까요. 특히나 인간의 개성을 중시하는 오늘날에 말이에요.

두 번째 이야기

생명의 충동

영국의 생물학자인 찰스 다윈(Charles Robert Darwin, 1809~1882)이 《종(種)의 기원(On the Origin of Species)》이란 책을 발표한 1859년에 서양에서는 세 명의 유명한 철학자가 태어났어요. 독일의 후설(Edmund Husserl, 1859~1938. 철학자로 논리주의적 현상학을 지향)과 미국의 존 듀이(John Dewey, 1859~1952. 철학자이자 교육학자로 서민의 경험을 프래그머티즘에 의해 소화해 보편적 교육학설을 창출하여 세계 사상계에 기여), 프랑스의 앙리 베르그송(Henri Bergson, 1859~1941. 철학자로 프랑스 유심론을 계승하면서도 생명의 창조적 진화를 주장)이 바로 그 주인공이죠.

앙리 베르그송은 19세에 전체 3등의 성적으로 파리 고등사범학교에 입학했어요. 이 학교에 모인 학생들은 모두 프랑스에서 손에 꼽는 인재들이었지요. 베르그송은 젊은 시절 유물주의(唯物主義)에 빠져 자연과학을 기초부터 탄탄히 닦았어요. 음악가 집안에서 태어난 탓인지, 예술로 유명한 파리 태생이어서 그런지 베르그송은 일종의 예술가적 기질을 지니고 있었어요. 그는 생동감 있고 화려한 글을 좋아했으며 상상력이 풍부했어요. 1927년에는 풍부하고 생기발랄한 그의 사상과 탁월한 문학적 기교 덕분에 스웨덴 왕립과학아카데미에서 수여하는 노벨 문학상을 타기도 했지요.

대학을 졸업한 뒤 베르그송은 종종 시골의 한적한 길을 거닐면서 세계에 대한 새로운 인식을 갖게 됩니다. 구불구불 복잡하고 높은 산과 고개, 드넓은 평야와 대지, 대단한 기세로 끊임없이 흐르는 강물, 졸졸졸 부드럽게 흐르는 산속 시내, 지는 해와 뜨는 달, 새와 벌레의 울음소리…… 예술가적 기질 때문에 쉽게 감동받기를 잘했던 베르그송은 대자연 앞에 철저히 무릎을 꿇었답니다.

살아 움직이며 끊임없이 변화하는 세상 앞에 인간들이 연구하고 이루어낸 뛰어난 과학적 성과들은 모두 큰 의미가 없었죠. 정확한 숫자와 부호, 빈틈이 없는 기하 추리 등은 물론 인류의 발전에 큰 기여를 했지만, 대자연의 뛰어난 솜씨에는 미치지 못하니까요. 사람의 솜씨로는 도무지 만들어 낼 수 없을 만큼 정교한 풀과 나무, 뛰어난 기술로 지어낸 벌집과 거미줄을 보세요. 해와 달과 별은 더 말할 필요도 없겠지요.

과학은 늘 사물을 가장 작은 것까지 분석하기를 좋아해요. 온전한 세계를 나누어 여기저기 흩어진 부품으로 만들고, 생동감 넘치는 세계를 온도도, 색깔도, 냄새도 없는 부호와 원리, 규칙으로 만들어버리지요.

모든 것들이 정말 단순히 원자의 운동에 의해 생겨났다는 말인가요? 베르그송은 이런 이야기를 어린아이나 속일 수 있는 옛날이야기라고 여겼답니다.

현대과학은 정밀한 실험용 기구를 이용해 세계의 깊은 곳까지 알아내고 사람의 겉모습 아래 숨어 있는 생명의 신비를 밝혀냈지요. 사실 생명이란 수많은 세포가 운동하고 있는 것이며 유전자에 따라 작용하게 되어 있는 것이에요. 우리가 보는 화려한 색깔들도 스펙트럼의 길이에 따라 다르게 보이는 것이고요. 사람들의 마음을 울리는 음악 역시 파장의 진동에 불과해요. 그러나 이렇게 산산이 해체한 뒤의 생명이 진짜 생명 그 자체일까요? 흩어지는 파장의 진동이 진짜 음악일까요? 아니, 이런 음악이 사람들의 마음을 울릴 수 있을까요?

오늘날 우리가 인식하고 있는 세계는 원자의 회전운동으로 태어났다고 해요. 대자연의 살아있는 아름다움 앞에 무릎을 꿇기 전까지는 베르그송 역시 이 사실을 전혀 의심하지 않았답니다. 그러나 자신을 대자연과 융화시키게 된 베르그송은 그 사실에 의문을 품게 되었어요. 셀 수 없이 다양하고 아름다운 꽃들과 유유히 흐르는 강물, 사계절의 변화와 끝도 없이 드넓은 우주, 그 모든 것들이 정말 단순한 원자의 운동에 의해 생겨났다는 말인가요? 베르그송은 이런 이야기를 어린아이나 속일 수 있는 옛날이야기라고 여겼답니다.

유물주의자들은 의식이 대뇌의 산물이며 대뇌 운동은 의식의 흐름을 낳는다고 말해요. 그러나 대뇌는 어떻게 운동하는 것일까요? 단순히 대뇌운동에 의해 셰익스피어의 희극이 탄생했다는 말일까요? 대뇌운동으로 베토벤의 교향곡을 만들 수 있을까요? 레오나르도 다빈치의 '모나리자의 미소'가 대뇌운동으로 나온 것일까요? 베르그송은 이런 걸작들이 절대로 인간의 대뇌로 이해되는 것이 아니라고 주장했어요. 또한 대뇌는 그저 기계이며 진정으로 창조를 가능케 하는 것은 인간의 영혼이라고 말했답니다. 이렇듯 젊은 시절의 사상을 바꾼 베르그송은 자신 안에 숨겨진 예술가적 기질을 남김없이 드러냈지요.

베르그송이 태어난 해에 다윈의 《종의 기원》이 출판되었어요. 당시 다윈의 생물진화론의 영향은 실로 엄청났답니다. 앙리 베르그송이 그의 영향을 받은 것은 어찌 보면 당연한 일이에요. 그는 기본적으로 진화론이란 관점에 동의했어요. 많은 사람들이 그렇듯이 베르그송 역시 자신이 인간이란 것에 큰 자부심을 갖고 있었고, 인간은 생물진화의 가장 효과적인 산물이라 확신했지요.

혹시 발견했을지 모르지만, 고대 그리스에서부터 오늘날까지 철학 연구의 중심은 이미 여러 번 변했어요. 특히 현대에 이르러 세계 본질에 대한 해답은 내놓긴 해야 하지만, 중점적인 연구는 필요 없는 대상이 되었지요.

쇼펜하우어와 니체의 철학에서 그들이 관심을 갖는 대상은 인간이며, 세계를 분석하는 것 역시 사람을 분석하기 위함이에요. 베르그송은 니체와 같은 시대 사람으로 니체보다 열다섯 살이 어립니다. 두 사람 모두 소크라테스 이후를 반대하고, 이성이 서양철학을 휩쓸고 있을 당시 영웅의 존재를 언급한 점이 상당히 비슷하지요. 또한 베르그송 역시 생명의 비이성적인 일면을 강조했답니다.

사람이 세계의 일부분이고 생물진화 가운데 가장 효과적인 산물이라면, 인간의 본질을 아는 것이 세계의 본질을 아는 것이라고도 할 수 있겠지요. 사람과 세계는 한 덩어리이니까요. 그렇다면 인간의 본질은 무엇일까요?

베르그송은 인간이 세계의 생명 가운데 하나의 형태로 존재하며, 본질적으로 생명의 충동이자 생명의 지속(Duration)이라고 주장했어요. '지속' 이 가리키는 것은 바로 진정한 시간이에요. 우리는 종종 시간을 강물에 비교해요. 일반적으로 강물은 한 방향으로 흘러가면 다시 돌아오지 않지요. 시간 역시 마찬가지예요. 시간은 본래 길고 짧음이 없으며 나눌 수도 없어요. 그저 단순히 흘러가는 것으로 언제 시작되었는지 알 수 없으며, 어쩌면 본래 시작도 없이 계속 흘러 언제 끝날지도 모르는 것이에요. 그러나 사람은 이런 시간을 연, 월, 일, 시, 분, 초까지 나누어 주변의 사물에 이름을 붙여주듯, 시간의 일부분을 취해 시간이라고 이름 붙여 준 것이지요.

사람의 이런 구분은 사실 편의를 위한 것으로 진정으로 시간을 말살할 의도는 없을 것이에요. 그러나 우리가 부인할 수 없는 사실이 하나 있답니다. 이렇게 시간을 수치화시킨 뒤로 사람은 생활 속에서 줄곧 시간을 계산하며 살게 되었단 사실이죠. "지금 몇 시지? 뭘 해야 하더라?" "오늘이 무슨 요일이지? 곧 있으면 주말인가?" "오늘이 몇 월 며칠이지? 특별한 날이던가?" "연말까지 얼마나 남았지?" 이렇게 사람은 시간에 둘러싸여 살게 되었지만, 진정한 시간은 무엇인지 도리어 이해하기 어렵게 되었지요.

이것은 어쩌면 사람의 눈이 길고, 넓고, 높은 3차원의 공간 밖에 보지 못하기 때문일지 몰라요. 그래서 사람들의 사유가 이 3차원 공간 안으로 제한되는 것이죠. 심지어 시간처럼 볼 수도 없고 만질 수도 없는 존재마저 마음대로 나눌 수 있는 공간으로 만든 것이지요. 어떤 SF소설가는 말했어요. "세상은 4차원이다. 그리고 그 4차원은 바로 시간이다."

베르그송은 세상 사람들을 향해 진실한 시간을 선포했어요. 그것은 머리로는 이해해도 설명하기는 어려운 존재로 사람의 마음으로 느낄 수 있지요. 비록 시간을 볼 수는 없지만, 시간이 우리 몸에 남기는 흔적을 볼 수 있으니까요. 또한 시간의 흐름도 느낄 수 있어요. 시간의 과거는 사람의 기억 속에 남아 있기 때문이에요. 따라서 시간은 사람의 기억에 의지해 계속되는 것이지요. 진정한 시간은 나눌 수도 다시 돌아올 수도 없기에 모든 순간순간이 새로운 것이에요. 베르그송은 이런 '진정한 시간'을 '지

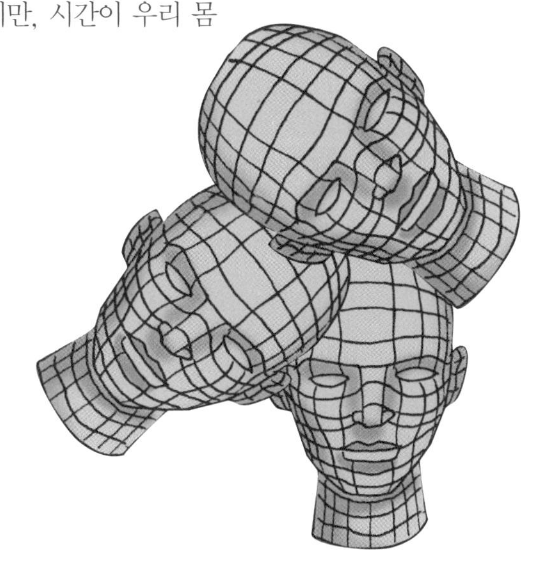

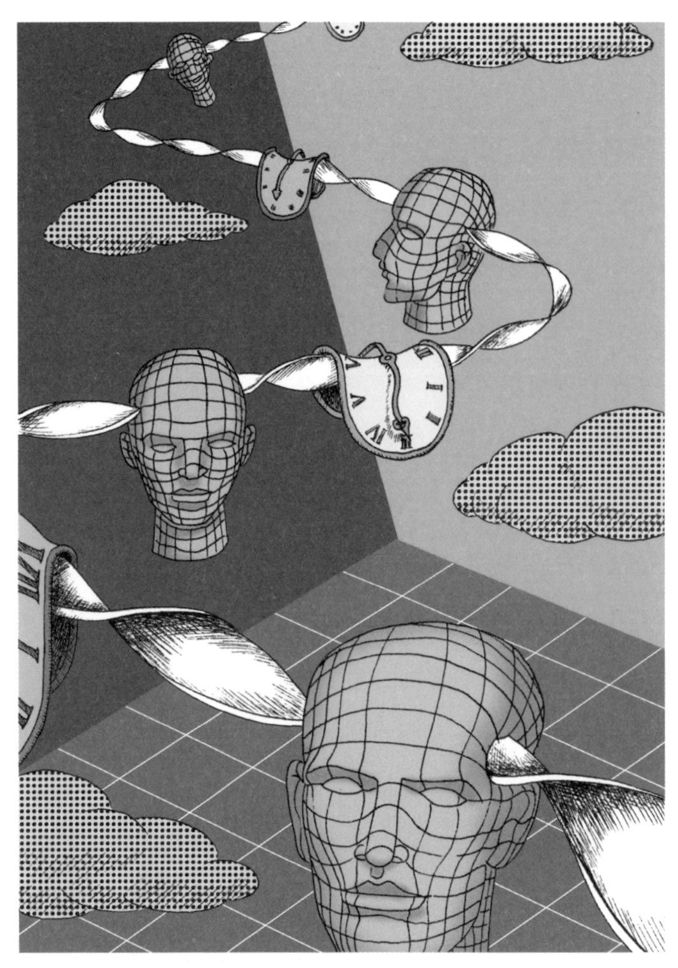
철학은 안으로부터, 정신으로부터 생명을 파악할 수 있어야 해요. 그러나 정신은 진실한 시간의 세계 속에 존재하는 것이지요.

속' 이라고 불렀어요.

그렇다면 베르그송은 왜 시간의 '지속'을 강조했을까요? 그에게 지속되지 않는 것은 생명이 아니며 운동과 변화도 없는 것이었답니다. 철학은 안으로부터, 정신으로부터 생명을 파악할 수 있어야 해요. 그러나 정신은 진실한 시간의 세계 속에 존재하는 것이지요. 인간이 본질적으로 끊임없이 새로워지고 운동하는 생명충동이라면, 세계 역시 무한한 생명충동이며 끊임없이 생성되고 새로워지는 과정이라고 말할 수 있을 것이에요.

생명충동은 의식을 초월해 무한한 창조력을 갖고 있어요. 생명충동은 의식이 있는 생명을 만들어낼 뿐만 아니라 무의식의 물질도 만들어냅니다. 생명충동은 위쪽으로 분출되어 모든 생명의 형식을 만들어내고 아래쪽으로 떨어져 모든 생명이 없는 물질의 형식을 만들어낸답니다. 그리고 이 두 운동은 서로를 억제하고 있지요. 또한 생명충동은 물질의 방해를 끊임없이 극복하며 위쪽으로 운동하여 종(種)의 진화를 이끌어냅니다. 다양한 세계만물은 이렇게 생성된 것이지요.

베르그송은 사람의 마음을 통해 세상을 볼 수 있다고 주장했어요. 그는 세계대전을 두 차례나 겪으며 무수한 생명의 죽음을 목격한 후에도 여전히 낙관적으로 자신 있게 말했답니다.

"사람은 자유롭다. 사람의 생존을 지배하고 발전할 수 있게 하는 동력이 사람 안에 있는 생명충동이기 때문이다. 생명충동은 어떤 강한 권력도 앗아갈 수 없으며, 죽음도 빼앗을 수 없다! 설사 죽는다 해도 생명충동은 쉬지 않고 흐를 것이다."

1940년 히틀러의 명령으로 모든 유태인 교수들이 국립대학에 사직서를 내야 했지만, 덕망이 높았던 베르그송에게는 이 명령이 특별히 면제되었답니다. 그러나 나이 많은 베르그송은 이 특권을 대수롭지 않게 여겼으며, 다음 해 82세로 세상을 떠났어요. 죽음이 두려운가요? 베르그송은 하나도 두렵지 않다고 말했어요. 생명 충동이 매순간 새로운 것을 창조해내므로 모든 찰나 역시 영원하기 때문이지요.

세 번째 이야기

지식의 한계

베르그송이 예술가적 기질을 타고난 것이었다면, 과학자로서의 능력은 훗날에 배양된 것이에요. 그러나 허버트 스펜서(Herbert Spencer, 1820~1903. 영국의 철학자로 36년간 쓴 저서 《종합철학체계》로 유명)는 그와 반대로 과학적 이성과 사유방식을 완벽하게 타고난 사람이었답니다. 스펜서에게서는 깨알만한 낭만의 조각조차 찾을 수 없었어요.

아무리 재능이 뛰어난 과학자라 해도 스펜서만큼 예술과 사랑을 멀리하며 생활을 즐길 줄 모르는 사람은 없을 것이에요. 그러나 열정이 결핍된 이 남자는 철학에 있어서만큼은 남다른 정열을 갖고 있었답니다. 아마도 스펜서는 자신의 모든 감정을 자신이 사랑하는 논리적 분석에 바쳤기 때문에 아무리 좋은 것을 봐도 느낄 수 없었는지 몰라요.

그는 자신의 감정을 가슴속 깊은 곳에 묻어둔 것이지요.

대자연의 위대함에 전율을 느낀 베르그송은 끊임없는 생명의 충동에 감탄하며 대자연에 도취되었어요. 반면 스펜서는 나이아가라 폭포를 보고도 폭포의 높이가 무려 40미터에 이르는 것에 감탄하며, 시간당 폭포에서 1억 톤의 물이 흘러내리고, 폭포가 지나는 곳의 돌은 분명 초당 2만 톤의 압력을 받으며, 또한 폭포는 초당 25미터의 유속(流速)으로 흐른다는 사실을 계산해냈답니다.

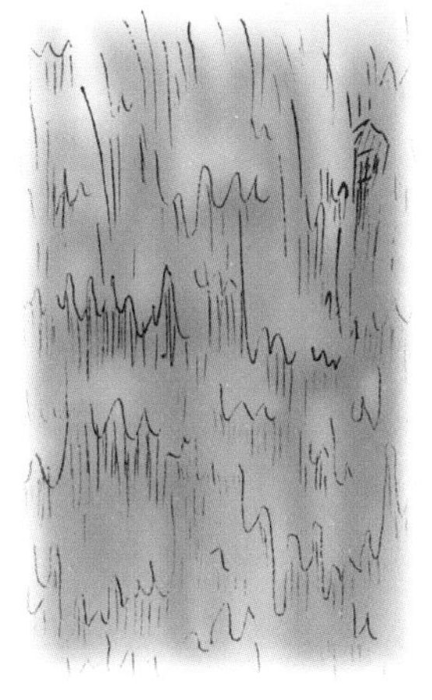

이런 엄청난 장관을 보면서도 속으로는 냉정하게 숫자를 분석하고 있었다니 스펜서도 어찌 보면 기인이라고 할 만해요. 사실 그는 대자연의 사물에 대해 별다른 감흥이 없었으며 인류가 남긴 문화유산도 거들떠보지 않았답니다. 스펜서는 기본적으로 체계화된 정규교육을 받아본 적이 없는 사람으로, 다른 철학자들처럼 어린 시절 책을 많이 읽지도 않았고 학교에도 흥미가 없었어요.

그러나 바로 이런 스펜서가 40년에 가까운 엄청난 시간을 할애해 백과사전식의 작품을 써내게 됩니다. 이 작품 덕분에 허버트 스펜서는 '빅토리아 시대 영국의 아리스토텔레스' 란 호칭을 얻게 되지요. 또한 영국 학술계 안에서 '사상의 대가' 로 주목받게 됩니다. 그러나 스펜서는 철학, 심리학, 사회학, 논리학 방면의 작품을 쓸 때 기본적으로 선조들이 남긴 고전을 참고하지 않았답니다.

오만하고 자존심이 강한 스펜서의 눈에는 다른 사람의 관점이 성에 차지 않았기 때문이지요. 그는 굳이 다른 사람의 의견을 들으려 하지 않았답니다. 스펜서는 비록 보통 사람들이 가진 비이성의 감정을 갖지

스펜서는 자신의 모든 감정을 자신이 사랑하는 논리적 분석에 바쳤기 때문에 아무리 좋은 것을 봐도 느낄 수 없었는지 몰라요.

못했지만, 보통 사람들이 갖고 있지 않은 것을 갖고 있었어요. 바로 왕성한 호기심과 날카로운 통찰력, 그리고 논리적 분석 능력이었지요.

바로 이런 조건들을 갖춘 덕에 특별한 교육을 받아본 적이 없던 스펜서가 엄청난 규모의 대작을 쓸 수 있었던 것이에요. 그의 지식 대부분은 현실생활 속에서, 그의 직업적 경험 속에서 조금씩 축적된 것이랍니다.

현대철학은 크게 과학주의(科學主義)와 인본주의(人本主義)의 두 흐름으로 나눌 수 있는데요. 방금 이야기한 허버트 스펜서는 실증주의(實證主義)의 대표인물로 실증주의는 과학주의 사조의 첫 번째 유파예요. 또한 실증주의는 다른 세 번째 철학의 길을 찾기 위해 노력한 첫 번째 철학 유파이기도 해요.

실증주의는 실증과학을 기초로 하는 철학으로, 프랑스에서 생겨났지만 영국에서 더 인기를 끌었답니다. 이는 영국이 일찍이 산업혁명을 완성하고 과학의 힘에 집중했던 이유 외에도 이미 영국에 유물론과 회의론을 바탕으로 한 철학전통이 있었기 때문이에요. 앞서 소개했던 영국 철학가들의 면면을 살펴보면 이 사실을 쉽게 발견할 수 있지요. 그래서인지 19세기 영국에 실증주의가 처음 등장하자 그 반향은 실로 엄청났답니다.

스펜서는 영국에서 태어났고, 어린 시절 몸이 약해 학교에 다니지 못했어요. 그의 첫 번째 스승은 아버지였고, 아버지가 미친 영향이 가장 컸답니다. 스펜서는 아버지의 기질을 그대로 물려받아 극단적인 자아를 갖고 있었으며 남의 이야기에 귀를 기울이지 않았어요. 또한 자신의 주장을 지키는 것에 목숨을 걸었지요. 특별히 과학을 좋아해 초자연의 힘으로 사물을 해석하려하지 않았어요. 스펜서의 철학사상에도 이런 색채가 짙었답니다. 그는 전통 형이상학에서 말하는 애매모호한 본질의 문제에 질려버렸답니다. 그는 스스로 철학을 과학처럼 분명하게 만들겠다고 결심했어요. 그에게 철학이란 모든 과학적 성과가 종합된 것이었기 때문이에요.

사람들은 왜 그렇게 '왜' 라고 묻는 것을 좋아할까요? 대답할 수 있는 질문은 둘째 치고 대답할 수 없는 질문은 공연히 힘만 낭비하는 것 아닌가요? 전통 형이상학이 밝히려고 하는 세계본질의 문제야말로 스펜서에게는 고생스럽기만 하고 답은 알 수 없는 문제였답니다. 바로 일찌감치 포기했어야 할 문제인 것이고, 철학자들이 연구해야 할 것은 세계란 '무엇인가' 이지 '무엇 때문이냐' 가 아니라는 것이지요.

스펜서는 지식이 인류의 경험범위를 벗어나지 못한다고 주장했어요. 만약 그 경계를 넘게 된다면 인간은 막연하고 알 수 없는 경지에 들어서게 되기 때문에 아무리 많은 피와 땀을 흘린다 해도 별 소용이 없고 지식 자체를 더 이상 논할 수 없게 된다는 것이지요. 때문에 이 세상에 경험지식만큼 의지할 수 있는 존재는 없어요. 물론 이것은 사람의 입장에서 이야기한 것이에요.

스펜서는 본질의 문제에 대한 해답을 구할 수 없다고 했지만 그 역시 한 가지 견해를 제시한 적이 있답니다. 그는 '힘'

이 모든 현상의 기초이며 모든 지식의 기원이라고 주장했어요. 다만 '힘'은 우리가 알 수 없는 존재이고요. 이를 통해 알 수 있듯이 스펜서도 이전의 철학자들처럼 세계에는 하나의 통일된 기초가 있다고 보았던 것이에요.

다음으로 등장한 실증주의인 마하주의(Machism)는 스펜서의 주장보다 더 앞서나갔어요. 근본이나 본질 따위는 존재하지 않으며, 세계의 모든 것은 물질이든 정신이든 인간의 감각경험에 불과하다고 주장한 것이죠.

세 번째로 나타난 논리실증주의는 전통철학의 기본문제는 논리적 분석을 견뎌낼 수 없다고 주장했어요. 그들은 이 문제를 비과학적이고 아무런 의미가 없는 거짓명제라고 단언했답니다. 스펜서를 비롯한 실증주의자들은 전통철학과는 다른 세 번째 철학의 길을 가고자 했어요. 무엇보다 유물과 유심을 뛰어넘으려고 했지요. 허나 사람은 본래 몸과 영혼, 물질과 정신의 결합체인데 어떻게 이를 뛰어넘을 수 있겠어요?

사람의 인식능력에는 한계가 있기에 실증주의가 본질적인 문제를 배격하거나 사람이 인식하는 현상세계로 철학의 연구범위를 축소한 것은 큰 문제는 되지 않아요. 그러나 만약 전통 형이상학을 완전히 부정하고 철학을 과학처럼 바꾸려했다면 이는 지나친 시도였답니다.

철학은 지식을 제공하는 것이 아니라 사람들이 어떻게 생각해야 하는지를 가르치고 지혜를 전해주는 학문이니까요. 철학의 영역에서 절대적인 옳고 그름은 존재하지 않아요. 그러니 2천 년이 넘게 같은 문제를 두고 논쟁을 벌였지만, 여전히 결론이 나지 않는 거죠.

철학은 지식을 제공하는 것이 아니라 사람들이 어떻게 생각해야 하는지를 가르치고 지혜를 전해 주는 학문이에요.

네 번째 이야기

개인의 생명체험

마르틴 하이데거(Martin Heidegger, 1889~1976. 독일의 실존철학자로 주요 저서는 《존재와 시간》)는 말했어요.

"철학은 마치 하나의 길과 같다. 본래 세계에는 길이 없기에 우리 스스로 탐구해야만 철학의 길로 갈 수 있다."

독일에서 태어난 하이데거는 베르그송과 마찬가지로 두 번의 세계대전을 겪었답니다. 당시 두 번의 세계대전을 겪은 독일의 위치는 매우 특별했지요. 1차 세계대전에서는 전쟁에 패배했고 영토가 축소되었으며, 배상을 해야 했고 많은 나라들의 제재를 받았답니다. 때문에 사람들의 생활은 어렵기 짝이 없었어요. 2차 대전 때에는 독일이 침략자로서 다른 나라들을 점령하면서 수많은 살인과 악행을 저질렀지요. 결국 그들의 전쟁은 패배로 끝나고 말았고, 또 다시 수많은 제재와 압력에 시달려야 했어요.

두 차례나 세계대전을 겪는 동안 사망자는 셀 수 없을 정도였고, 사람의 목숨은 한낱 지푸라기처럼 보잘것없이 잘려나갔답니다. 이런 상황 속에서 우주에 대해 고민한다는 것 자체가 사치나 다름없었죠. 그래서 하이데거는 스스로 자신만의 철학의 길을 가기로 결심했어요. 그는 인간의 '존재'와 인생이 세상에서 존재하는 상태에 대해 연구하며 인간존재의 의미에 대해 정면으로 탐구했어요. "너 자신을 알라!"라고 말한 고대 그리스의 소크라테스 이후로 철학은 2천 년의 세월이 흘렀어요. 그러나 우주에 대한 철학자들의 열정에 비하면 인류 자신은 무척 초라한 대접을 받았지요. 19세기에 들어서야 인간은 철학연구의 중심 대상으로 부상했어요.

철학의 길은 스스로 탐구하는 것이란 그의 말처럼, 하이데거는 '존재'를 대상으로 개인적인 색채가 짙은 철학의 길을 탐구했답니다. 그가 보기에 '존재'의 문제는 플라톤 이후로 제대로 인식되지 못했어요. 모든 철학사를 통틀어 봐도 '존재'를 '존재자'로 인식하는 경우가 허다했으니까요. 전통 형이상학은 이에 대해 근본적인 오류를 저질렀던 거예요. 존재자가 무엇인지 제대로 이해하지도 못하면서 이미 존재자의 '존재'를 인정한 것이니까요. 물질 혹은 정신의 존재를 존재자로 삼은 것이에요. 존재자는 어떻게 존재하며 그 존재의 의미는 무엇인가? 그는 어떻게 존재하는가? 혹은 존재하지 않는가? 등의 문제에 대해 전통 철학자들은 설명하지 않았답니다.

하이데거는 이런 오류를 바로잡아 '존재'를 둘러싼 진정한 의미의 본체론(本體論)을 세우기 위해 노력했지요. 대체 '존재'란 무엇일까요? 안타깝게도 하이데거는 우리에게 명확한 해답을 내놓지 못했어요. 그러나 우리는 그의 저서를 통해 '존재'가 모든 사물의 기초가 되며, 존재자의 존재방식임을 알 수 있어요. 그리고 그 존재방식은 바로 시간성이에요. 즉, '존재'는 '존재되어 가는' 과정이며 직접적으로 구현되기 때문에 사람의 직감에 의해서만 파악할 수 있답니다.

'존재'의 이런 특성 때문에 하이데거는 존재란 무엇인가(존재는 구체적인 규정성이 없기에)를 캐묻는 것은 별 소득이 없다고 잘라 말했어요. 그저 존재자는 어떻게 존재하는가? 존재자가 존재하는 의미는 무엇인가? 같은 질문은 할 수 있다고 했지요. 그래서 하이데거는 만약 존재의 의미에 대해 알고 싶다면 반드시 존재자를 통해 밝혀내야 한다고 선언했어요. 그러나 존재자를 포함하는 범위는 굉장히 넓어서 우리가 보고 생각하는 것, 그것이 물질이든 정신이든 모두 존재자가 됩니다. 어떤 존재자에 대한 탐구로 누구든 존재의 의미를 찾을 수 있을까요? 하이데거는 그렇지 않다고 단언해요. 오직 인간만이 이런 존재자로 가능하다는 것이지요.

사람은 다른 존재자와 비교해 탁월한 우월성을 갖고 있어요. 책걸상이나 나무, 꽃, 날짐승과 들짐승 역시 모두 존재자이지만 오직 사람만이 '존재'에 대한 문제를 제기할 수 있으며 시간과 정력을 쏟아 탐구할 수 있지요. 게다가 사람과 사람은 서로 대체가 불가능해요. 이는 개인의 특성이 타인과 다르기 때문이며, 다른 한편으로는 사람이 주변의 사람뿐만 아니라 다른 물질과 접촉하면서 끈질긴 질문을 통해 모든 존재자로 통하는 문을 열어놓았기 때문이에요. 이처럼 하이데거의 존

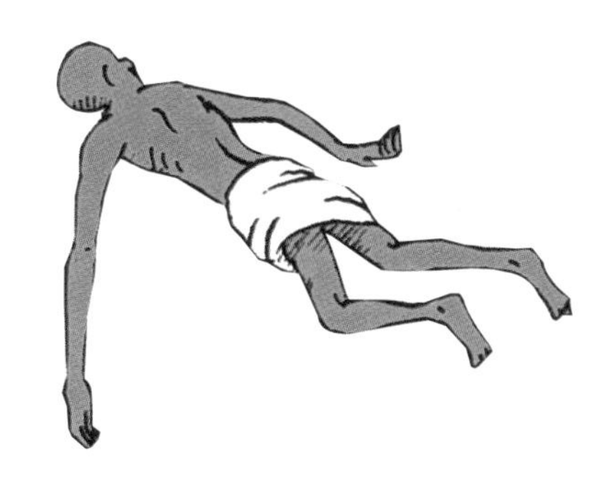

재에 관한 연구는 사람에 대한 연구 위에 발을 딛고 있지요. 그는 니체나 쇼펜하우어처럼 본질의 문제에 대해 연구하는 것은 쓸모가 없으며 진정으로 연구해야 될 대상은 사람이라고 생각했어요. 허버트 스펜서처럼 본질의 문제를 부정하지는 않았지만, 하이데거가 그 문제를 방치해둔 것만은 분명해요.

하이데거 역시 베르그송처럼 두 번의 세계대전을 겪었고, 똑같이 생명의 연약함을 보았으며 인간의 존엄성이 바닥까지 떨어지는 모습을 보았지만, 인생을 대하는 태도는 완전히 달랐어요. 베르그송이 여전히 적극적이고 낙관적이었다면, 하이데거는 소극적이고 피동적이었지요. 하이데거는 인간의 의식을 벗어나 독립적으로 존재할 수 있는 객관적인 세계는 없다고 주장했어요. 설사 그런 세계가 존재한다고 해도 아무 의미가 없다고 생각했지요. 그러므로 하이데거의 철학 속에서 말하는 세계는 사람에 의해 깨닫게 되고, 사람에 의해 드러나는 세계였어요. 또한 이 세계는 사람의 시야 안에서 나타나고 변화하는 세계였지요.

하이데거는 세상에 존재하는 인생을 '번민' 이란 한 단어로 설명했어요. 이는 사람이 넓고도 복잡한 관계의 그물 속에 살고 있기 때문이에요. 살아있는 사람은 누구나 끊임없이 외부의 사물이나 타인과 다양한 관계를 맺게 되는데, 사람의 이런 존재 상태야말로 '번민' 인 셈이지요. 그러나 세계와 다른 존재자들은 이런 관계가 있기에 존재의 의의가 있는 것이에요.

예를 들어 존재자의 일부를 나누어 도구로 쓴다고 생각해봅시다. 그들의 가장 근본적인 존재방식은 바로 사용되는 것이에요. 가죽구두를 도구라고 본다면 가죽구두를 사람이 신음으로써 비로소 존재의미가 있는 것이지요. 만약 사람이 외출을 할 때 가죽구두를 신는다면 이는 사물을 사용할 뿐만 아니라 사람 자신의 존재를 드러내는 것이기도 해요. 또한 가죽구두 역시 사람이 사용함으로 인해 자신의 존재를 드러낸 것이지요.

인생을 바라볼 때 베르그송이 여전히 적극적이고 낙관적이었다면, 하이데거는 소극적이고 피동적이었답니다.

물론 이런 관계의 그물은 가죽구두를 신는 사람과 가죽구두에만 그치는 것이 아니에요. 단순히 구두만 본다면 구두에 사용된 가죽이 보이겠지요. 그러나 가죽에는 가죽을 제공한 동물이 관련되어 있고, 동물은 그와 관련된 모든 것과 연관이 있어요. 예를 들어 숲이나 나무, 새, 곤충, 산, 강물, 대지 등등이지요. 이러한 존재자들 또한 사람이 구두를 신음으로써 자신의 존재를 드러내는 것이랍니다.

그러나 언제 어디서나 사람은 이런 관계의 그물 안에 있기에 자연

환경과 사회 환경의 속박을 받게 되며, 그 안에서 종종 자아를 잃기도 하지요. 그러다 보면 대세를 따라 남들이 허투루 하는 이야기에 귀를 기울이거나, 남이 하는 대로 따라하는 일도 종종 생깁니다. 사람은 그렇게 타락하고 본래의 모습을 잃어버리게 되지요. 더 안타까운 것은 우리의 인생이 이 세상과 연결되어 있는 한 그 상태에서 벗어날 방법이 없다는 것이에요. 그렇기 때문에 인간이 타락하고 본래의 모습을 잃어가는 것은 이미 정해진 운명인 셈이지요.

비록 인간이 현실 속에서 온전히 진실 되게 살 방법은 없지만, 그런 삶에 대한 인류의 열망은 조금도 줄어들지 않아요. 하이데거는 진정한 삶을 살고 싶다면 다른 것들의 방해를 받아서는 안 되며 스스로 타인 그리고 세계와 철저히 단절되어야 하는데, 그 길은 죽음밖에 없다고 말했어요.

죽음에 대해 사람은 태어날 때부터 일종의 '두려움'을 가지는데 '두려움'과 '무서움'은 다른 의미예요. 무서움은 구체적인 대상을 갖고 있지만, 두려움은 구체적인 대상이 없답니다. 사람들에게는 종종 두려움의 감정이 생겨나는데, 왜 두려움을 느끼느냐고 물어도 그 해답은 찾을 수가 없어요.

죽음은 사람에게 부정확한 존재예요. 누구도 자신이 언제 죽을지 알 수 없지요. 게다가 우리는 죽음이라는 운명에서 벗어날 수 없답니다. 사람의 생명은 죽음의 위협을 받고, 또한 죽음이 언제 찾아올지 알 수 없으니 사람이 죽음에 대해 '두려움'을 갖는 것은 당연한 일이에요. 사람이 죽어야만 자유를 얻는다고 하지만, 만약 진짜로 죽게 된다면 사람도 존재하지 않게 되지요. 그래서 하이데거가 제시한 명제는 "죽기 위해 살라."예요. 죽음에 정면으로 맞서서 죽음에 대한 이해 속에서 자신의 독립과 자유를 지켜내 살아있는 사람의 품격을 지키라는 것이지요.

죽음에 대해 사람은 날 때부터 일종의 '두려움' 을 가지는데, '두려움' 과 '무서움' 은 다른 의미예요. 무서움은 구체적인 대상을 갖고 있지만, 두려움은 구체적인 대상이 없답니다.

이상을 통해 알 수 있듯이 하이데거는 전통형이상학을 비판하며 '존재'의 깃발을 높이 들었지만, 그가 진정으로 연구한 것은 2천여 년 동안 잘못 인식하면서도 깨닫지 못했던 '존재자'였어요. 그러나 사실 하이데거도 초기에는 다른 철학자들처럼 '존재자'에 대해서만 연구했답니다. 단지 그는 '존재자'와 '존재'를 구분하여 존재자가 어떻게 존재하는지, 그 존재하는 의의는 무엇인지를 연구한 것이에요. 말년이 되어서야 그는 '존재' 자체에 대해 연구하기 시작해요. 그러나 여전히 인간이라는 이 존재자를 초월할 수는 없었지요. 하이데거가 생각하는 전통철학의 오류는 그들이 존재자를 파고들었다는 것이 아니라, 존재자를 단순한 존재자로만 여긴 것이에요. 그들은 존재자가 어떻게 존재하는지를 연구하지 않았던 것이지요.

다섯 번째 이야기

본질보다 앞서는 '존재'

정확히 말하자면 인간의 존재에 대한 하이데거의 분석은 비관적이고 답답한 성향을 띠고 있어요. 이는 당시 세계대전을 경험한 사람 모두가 느낀 바일 것이에요. 때문에 실존주의철학이 처음 등장했을 때 그 반향은 엄청났어요. 전쟁으로 피폐해진 사람들은 하이데거 식의 위로가 필요했고, 열심히 살기 위한 원동력이 필요했으니까요. 그들은 생명을 위한 강심제가 필요했고 죽음에 가까웠던 생명을 깨워 새롭게 살아야만 했어요.

장 폴 사르트르(Jean-Paul Sartre, 1905~1980. 프랑스 작가이자 대표적인 실존주의 철학자이며 대표작은 《존재와 무》)의 철학은 바로 사람들이 필요로 하던 것이었어요. 사르트르는 유럽은 물론이고 아시아 국가들, 중국, 일본 등에도 추종자가 많이 있답니다. 그의 인격적인 매력은 자신의 철학적 매력을 훨씬 뛰어넘어요. 설사 그와 철학사상에 있어서는 반대편에 있는 사람이라 해도, 사르트르라는 사람에 대해서는 존경해 마지않았답니다. 사르트르 같은 인물은 쉽게 볼 수 없었기 때문이에요.

문제를 분석하는 데 있어서는 한 치에 어긋남이 없던 사상가도 자신의 생활로 돌아오면 자신도 모르게 타락하는 경우가 종종 있어요. 도리나 이치에 대해 말은 하기 쉽지만 실천은 어려운 법이니까요. 그러나 사르트르는 자신의 철학과 생활을 일치시켰고, 자신의 생활을 철학에 직접적으로 반영시켰답니다. 자신이 말한 것을 실천하기(특히 이야기한 것이 많은 사람들이 추구하는 것일 때) 위해서는 용기가 필요할 뿐만 아니라 능력이 필요해요. 사르트르는 이 두 조건을 모두 갖춘 인물이었어요. 그렇기에 그는 자신이 바라던 방식대로 살 수 있었고, 사람들의 경탄과 질투를 한몸에 받았던 것이에요.

사르트르는 1905년 6월 21일 파리에서 태어났어요. 그의 아버지는 해군 장교였지만, 그가 태어난 다음 해에 돌아가셨답니다. 당연히 그에게는 아버지에 대한 기억이 거의 남아 있지 않았어요. 10세가 되기 전까지는 줄곧 외할아버지와 함께 살았는데, 외할아버지는 언어학을 가르치는 교수였답니다. 덕분에 사르트르 역시 자연스럽게 언어에 흥미를 갖게 되었지요.

아직 친구들과 어울려 다니며 말썽이나 부릴 어린 나이에 사르트르는 이미 외할아버지의 서재에 앉아 책을 읽고 있었어요. 그리고 7세가 되기 전에 이미 모파상, 볼테르, 빅토르 위고, 피에르 코르네유(Pierre Corneille 1606~1684. 프랑스의 비극 작가) 등의 작품을 모두 읽었고, 이야기를 만들거나 시구를 바꾸며 놀았어요. 일찌감치 문학적 재능을 드러낸 것이지요.

사르트르는 어릴 때 병을 앓아 오른쪽 눈이 사시가 되었고, 얼마 지나지 않아 그 눈의 시력을 잃었어요. 그는 체격도 크지 않았고 생긴 것도 그다지 준수한 편은 아니었어요. 사르트르는 명석한 머리가 자신의 최대 장점이라는 사실을 잘 알고 있었죠. 그래서 책 속에서 자신의 생존가치를 찾아 뜻을 세우고 작품을 쓰기로 결심했답니다. 그리고 실제로 그렇게 실천에 옮겼어요. 결국 그는 유명한 작가이자 철학가가 되었으며, 1964년 노벨 문학상의 수상자가 되었답니다. 그러나 그는 어떤 명예나 지위에도 관심이 없었기 때문에 수상을 거절했어요.

사르트르는 4세부터 이미 외할아버지의 서재에 앉아 책을 읽었답니다. 그리고 7세가 되기 전에 이미 모파상, 볼테르, 빅토르 위고, 피에르 코르네유 등의 작품을 모두 읽었고, 이야기를 만들거나 시구를 바꾸며 놀았어요.

사르트르는 19세에 7등의 성적으로 파리 고등사범학교에 입학했고, 베르그송과 친분을 가졌답니다. 학교에 다니는 4년 동안 사르트르는 엄청난 양의 철학책과 문학책들을 읽었어요. 쇼펜하우어, 니체, 베르

그송 등의 인본주의 철학사상은 상상력이 풍부하고 충동적이며 민감한 사르트르의 열정에 불을 지폈어요. 결국 그는 자신의 남은 일생을 철학을 위해 살겠다고 결심했지요.

사르트르는 대학을 졸업한 지 얼마 안 되어 평생의 연인이었던 시몬 드 보부아르(Simone de Beauvoir, 1908~1986. 20세기 중반 프랑스의 실존주의 소설가이자 사상가)를 만나게 됩니다. 그녀는 뛰어난 재능을 가진 여인으로, 사르트르에게는 반려자이자 지기(知己)였으며, 가족이었지요. 그들의 인연은 무려 50년 동안 지속되었고, 단순한 연인 사이가 아닌 일을 위한 파트너로의 관계로 많은 사람들의 부러움을 샀답니다. 사르트르는 대부분의 철학자들이 그런 것처럼 강의만 하고 연구만 하는 사람이 아니었어요. 만약 그가 자신의 작품에만 의지해 자신의 사상을 알리려 했다면 많은 사람들이 받아들이기 힘들었을 것이에요. 그의 대표작인 《존재와 무(L' tre et le neant)》는 분량이 많은데다 이해가 쉽지 않았으니까요. 만약 사르트르가 그렇게 열심히 사회운동에 참여하거나 세계 여러 나라를 다니며 자신의 철학이 현실 속에서 힘을 발휘하도록 노력하지 않았다면, 그의 실존주의가 이토록 인기를 끌지는 못했을 것이에요.

사르트르가 관심을 가진 것은 여전히 존재, 인간의 존재였어요. 그는 인간의 존재는 다른 사물의 존재와는 다르다고 생각했답니다. 사물의 본질은 그것이 창조되기 전 이미 존재했던 것이에요. 이를테면 칼은 이미 존재하기 전부터 칼을 만드는 사람이 칼을 어떤 재료로, 어떤 크기로, 또한 어떤 모양과 용도로 만들지를 결정해두지요. 그러나 사람은 달라요. 사람의 다양한 성품은 타고난 것이 아니며 신께서 주신 것도 아니에요. 이 세상에 신은 근본적으로 존재하지 않기 때문이지요. 따라서 사람의 모든 성품은 태어난 뒤 자신이 만들어가는 것이에요.

사르트르는 존재를 두 가지로 구분했어요. 하나는 '즉자(卽自)존재'로 자아의 밖에 있는 외부세계를 가리키지요. 이는 인간의 의식에 의존하지 않고 독립적으로 존재하는 세계예요. 또한 이 존재는 다른 어떤 사물과도 관계를 맺지 않으며, 변화나 발전도 없고 과거와 미래도 없어요. 사르트르가 묘사하는 이런 세계는 우리에게 낯설게 느껴집니다. 우리는 우리가 살고 있는 세계가 변화하고 있으며, 사물 사이에 연관이 있다는 것을 몸으로 느낄 수 있으니까요.

사르트르가 말하는 자유는 바로 사상의 자유를 뜻해요.

사실 사르트르가 왜 세계를 그렇게 묘사하고 있는지 따질 필요는 없어요. 다만 그가 표현하고자 했던 큰 뜻만 이해하면 됩니다. 사르트르가 묘사하는 이 세계에 대해 어떤 기분이 드나요? 황당하거나 미묘한 느낌인가요? 고민스럽다거나 당황스러우며 씁쓸

하고 짜증이 난다든지 절망감이 느껴지지는 않나요? 만약 이런 기분을 느꼈다면, 당신은 이미 사르트르가 이 세계를 어떻게 바라보고 있는지에 대해 충분히 알고 있는 것이에요.

또 다른 존재는 '대자(對自)존재'로 사람의 의식과 사람의 현실을 가리켜요. 이는 '즉자존재'와는 전혀 상반된 성질을 가진 존재로, 항상 변화하며 끊임없이 부정하고 초월한답니다. 사르트르는 이런 끊임없는 초월과 창조를 인간의 자유로 보았어요. 인간의 자유가 인간의 존재를 실현한 것이지요. 그래서 사르트르는 이렇게 말했답니다. "인간의 자유가 바로 인간의 존재다."

사르트르는 다소 독특하고, 보통 사람들의 비판을 받는 자유관을 제시했어요. 그는 사람은 태어나면서부터 자유였으며, 자유라는 형벌을 받도록 운명 지어졌다고 주장했답니다. 인생은 언제 어디서나 선택의 연속이지요. 자신의 조건과 주변의 객관적인 조건의 제한으로 우리는 선택할 때 종종 자기 마음대로 할 수 없다고 느끼게 됩니다. 그러나 사르트르는 사람은 자유롭게 자신의 직업과 운명, 자신이 하는 모든 일을 선택할 수 있다고 보았답니다. 사람은 자신의 모든 것을 자유롭게 선택할 수 있다는 것이지요.

그렇다면 사르트르는 사람들이 현실생활 속에서 얼마나 많은 조건의 제약을 받는지 몰랐던 걸까요? 물론 그도 명백히 알고 있었어요. 결국 그가 말한 자유는 사상적인 자유였던 것이에요. 사르트르는 이런 예를 들었지요. 감옥에 갇혀 있는 죄수가 있어요. 비록 그는 마음대로 감옥 밖으로 나갈 수 없지만 여전히 자유예요. 그에게는 도망갈 수 있는 선택의 자유가 있기 때문이지요. 만약 도망가지 못한다고 해도 감옥을 뛰어넘는 자유로운 상상을 할 수 있으니 그는 자유예요.

그런 자유는 아무런 결과도 의미도 없는 자유라고 말할 수도 있죠. 그러나 사르트르는 자유에 대한 결과는 중요치 않다고 주장했어요. 어떤 면에서 사르트르가 말하는 자유는 일리가 있어요. 몸의 자유에 비해 사상의 자유가 훨씬 중요하니까요. 만약 누군가 사상의 제약을 받게 된다면 멋진 도시를 누벼도 한낱 꼭두각시에 불과하겠지요.

인간이 살아있기에 가치가 있다고 하는 것은 인간이 모든 동작을 명령받는 기계가 아니라, 생각하고 창조할 수 있는 살아있는 생명 개체이기 때문이에요. 사르트르는 자신의 자유선택의 이론을 밝히면서 인간의 번뇌와 고독, 절망도 보았어요.

사르트르는 사람이 너무나 많은 책임을 직면해야 하기 때문에 '번민' 이 발생한다고 주장했답니다. 만약 이 책임을 회피할 경우 불성실이란 오명을 써야 하지요. '고독' 은 사람이 선택을 할 때 자신만을 의지하기 때문에 생겨나는 것이에요. '절망' 은 사람이 자신만 믿으며 타인과 사회를 믿지 않기에 생겨나는 것이지요.

비록 사람의 존재가 사람으로 하여금 비관하게 만드는 측면이 많이 있지만, 사람은 살아있는 동안 자아를 부정하고 초월해야 해요. 생명은 자신의 것이며 다른 사람이 조종하도록 내버려두어서는 안 되는 것이에요. 또한 희망을 하늘에 두고 신이 당신을 위해 모든 것을 알맞게 안배해줄 것이라 믿어서도 안되요.

자신의 인생은 스스로 설계하고 책임져야 해요. 자신의 운명은 자기 스스로 창조하는 것이에요! 바로 이것이 인간의 존재 상태에 대한 연구를 마친 사르트르가 세상 사람들에게 전해준 철학적 주장이랍니다. 그는 그렇게 말했을 뿐만 아니라 또한 그렇게 실천했어요.

1980년 4월 15일 사르트르는 75세로 세상을 떠났어요. 이 소식이 세상에 알려지자 세계의 수많은 사람들이 슬픔에 잠겼어요. 당시 프랑스 대통령이었던 발레리 지스카르 데스탱(Valery Giscard d' Estaing)은 "우리 인류의 밝은 지혜의 등불이 꺼졌다."라는 말로 그의 죽음을 애도했어요.

그의 장례식 날에는 6만여 인파가 그를 추모하기 위해 3킬로미터나 되는 긴 줄을 섰을 정도였지요. 이는 빅토르 위고(Victor-Marie Hugo, 1802~1885. 프랑스의 낭만파 시인이자 소설가 겸 극작가로 대표작 《노트르담 드 파리》가 있으며, 그가 죽자 국민적인 대시인으로 추앙되어 국장으로 장례를 치렀음)의 장례식 이후로 프랑스에서 가장 큰 장례식이었답니다.

여섯 번째 이야기

물질과 운동

마르크스주의는 사회의 가장 격렬한 격변기에 탄생했어요. 19세기 중엽 이후 유럽의 자본주의는 이미 현대화의 발전단계에 들어섰고, 산업혁명과 과학기술혁명은 서양사회를 고속성장의 궤도 위에 올려놓았답니다. 사회의 물질재산이 급격히 팽창하자 동시에 계급간의 모순도 하루가 다르게 날카로워졌지요. 무산계급은 새로운 시대의 힘으로 역사의 무대 위에 등장했고, 자산계급과 결사적으로 투쟁하기 시작했어요. 물리학과 화학 등의 자연과학은 자료를 수집하는 데서 자료를 정리하는 방향으로 전환해 큰 이론적 성과를 이루었답니다. 사회현실에는 근본적인 변화가 일어나기 시작했고, 사람들의 사유방식과 생활관념 역시 이전과는 눈에 띄게 달라졌지요. 이런 기초 위에서 마르크스주의 철학이 탄생하고 발전하기 시작했으며, 자신의 혁명성과 과학성의 수준 높은 통일성을 드러냈답니다.

마르크스주의 철학이 탄생하기 이전 과거 유물주의 철학자들의 눈에 세계는 우주자연의 존재를 가리켰어요.

마르크스주의 철학이 탄생하기 이전 과거 유물주의 철학자들의 눈에 세계는 우주자연의 존재를 가리켰어요. 그들은 전 세계를 자연물질의 형태로 보았으며, 사람은 그저 자연물질의 구체적인 한 형식이라고 생각했지요. 그들은 비록 세계를 하나의 물질로 통일시켰지만, 그들의 유물주의 사상은 치밀하지 못했어요. 그들은 우주자연을 분석할 때는 세계가 본질적으로 물질이라고 말했지만, 인류사회로 눈을 돌렸을 때는 인류의 활동을 어떤 주관정신의 구현이라고 주장했답니다. 자연문제에 있어서는 유물주의 해석을 내놓았지만, 사회문제에 있어서는 종종 유심주의의 수렁에 빠지고 말았던 것이에요.

마르크스주의 철학은 유물주의로 자연세계를 보았고, 동시에 유물주의로 인류사회를 해석했어요. 이는 마르크스주의 철학이 변증법 사상을 끌어들여 과학의 정신을 도입했기 때문이에요. 마르크스와 엥겔스가 새롭게 세운 변증유물주의와 역사유물주의는 우선 주의력을 인류가 활동하고 참여하는 현실세계로 돌렸답니다.

마르크스(Karl Heinrich Marx, 1818~1883)는 독일의 경제학자이자 정치학자로 무신론적 급진 자유주의자였으며 자신의 저서 《독일 이데올로기》에서 유물사관을 정립하였으며 《공산당선언》을 발표해 각국의 혁명에 불을 지폈고, 엥겔스(Friedrich Engels, 1820~1895)는 마르크스와 공동 집필한《독일 이데올로기》에서 유물사관을 제시하여 마르크스주의의 철학적 기초를 확립한 독일

의 사회주의자예요.

또한 그들의 사상은 인류사회가 특수성을 가진 것은 사실이지만 자연계와 마찬가지로 본질은 물질이며 여전히 자연계의 객관적 규율에 따라 탄생과 발전, 멸망의 필연성을 갖는다고 주장했어요. 마르크스주의에 따르면 자연, 사회, 인류, 의식 모두 물질세계의 오랜 진화발전의 산물인 셈이랍니다.

'물질' 이란 단어는 알찍이 그리스어 '어머니' 에서 파생되어 나온 것으로 ' 창조자' 란 뜻을 지니고 있어요. 다시 말해 물질은 당연히 하늘과 땅의 어머니가 되지요. 세상만물이 물질을 통해 생성되었으며 창조된 것이에요. 그러므로 물질은 모든 만물이 공유하고 있는 근거가 되는 것이지요.

고대 사람들은 가장 기본이 되는 물질의 실체로 물, 불, 흙, 공기, 원자 등을 꼽았어요. 이런 관점은 당시의 지식 조건에서는 굉장히 과감한 추측이었지만, 과학적으로 증명할 수 있는 방법이 없었어요. 근대 이후 물리학과 화학 등 자연과학의 발전으로 인류는 물질구조에 대한 깊이 있는 분석을 진행했어요. 분자와 원자의 개념은 사람이 물질세계를 인식하는 강력한 무기가 되었답니다. 사람들은 분자와 원자를 가장 작은 물질 단위이자 가장 깊이 있는 차원의 물질원소로 보았으며, 원자의 특성을 물질의 기본적인 특성으로 간주했어요. 그러나 당시 과학기술의 발전수준에는 한계가 있었기에 분자와 원자에 대한 인식에는 큰 결함이 있었답니다. 그로 인해 앞에서 소개한 기계유물주의 세계관이 형성된 것이지요. 마르크스는 앞선 철학자들의 사상을 정리하면서 특히 독일 고전철학의 기초 위에 19세기 이후의 과학적 연구 성과를 끌어들여 변증유물주의의 물질관을 제시했어요.

물질은 다양한 사물의 집합을 의미해요. 우리가 볼 수 있고 느낄 수 있는 자연 사물뿐만 아니라 우리가 볼 수 없는 정신활동, 사회역사의 변천 등을 포함한 세상의 모든 사물들은 객관적으로 존재하는 것으로서 인간의 뇌에 작용해 우리의 정신에 반영되게 됩니다. 물질은 영원한 운동의 상태에 놓여 있어요. 정신문화세계를 포함한 모든 물질세계는 물질원소로써 일정한 규칙에 따라 변화하고 발전하게 되지요.

얼핏 보기에 마르크스주의의 물질관은 기계유물주의의 물질관과 큰 차이가 없어 보여요. 이 두 사상은 물질이 인간의 의식에 의존하지 않고 독립적으로 존재하며 운동한다고 주장해요. 그러나 실질적으로는 약간의 차이가 있어요. 물질운동관을 들어 잠깐 비교해볼까요?

기계유물주의는 뉴턴 역학의 직접적인 영향을 받아 물질의 운동을 보이는 물체의 위치이동이라고 보았어요. 물체가 한 방향에서 다른 방향으로 움직이고, 한 사물이 다른 사물을 나아가게 한다는 것이지요. 그러나 마르크스주의가 말하는 물질운동은 이런 간단한 기계적 운동 외에도 매우 복잡한 물리, 화학, 생명과 사회의 운동변화 심지어 사람의 감각이나 심리, 정신의 형성변화까지 포함하고 있답니다. 물질운동의 형식은 변화무쌍한 세계의 구체적 사물과 마찬가지로 한계가 없고 다양하며 꾸준히 변화하고 있어요. 또한 운동은 항상 어느 사물의 운동을 가리키지요. 만약 이런 관점에 동의할 수 없다면, 이 세상에 완벽하게 정지한 채 움직이지 않는 사물이 있는지 찾아봐도 좋아요.

물질과 의식의 관계는 아주 오래전부터 유물주의와 유심주의가 논쟁을 벌이던 관심사였어요. 18세기 프랑스 유물주의는 처음으로 인

사람들은 마침내 자신의 눈으로 인류역사의 발전과정을 고찰하고, 역사 활동을 인류 자신의 일로 인식하게 되었답니다.

간의 뇌가 의식의 물질기관이란 주장을 제시했으며, 물질과 의식의 진정한 관계를 기본적으로 확립했답니다. 마르크스주의는 대체적으로 이 유물주의 의식관을 받아들였고 그것을 생산실천 활동과 연계시켰어요.

찰스 다윈이 선보인 진화론의 영향으로 마르크스주의는 자연생물이 하등에서 고등으로, 간단한 것에서 복잡한 것으로 점차 발전한다고 확신했어요. 또한 사람은 유인원에서 진화되었다고 보았지요. 인간 뇌기관의 산물인 인류의 의식은 당연히 자연계의 오랜 진화와 발전에 따른 산물인 것이고요. 더 중요한 것은 인간 뇌의 사유기능은 사람과 사람 사이의 교류와 협력 속에서 발전하고 완벽해지기 때문에 의식의 활동은 종종 사회생활의 산물이기도 하다는 것이에요.

마르크스주의 철학에서 눈여겨 볼 점은 인류역사에서 처음으로 인류사회 발전의 기본적 원동력과 발전규율을 과학적으로 밝혀내고, 과거의 신비주의와 유심주의의 역사관을 대체했다는 사실이에요. 사람들은 마침내 자신의 눈으로 인류역사의 발전과정을 고찰하고, 역사 활동을 인류 자신의 일로 인식하게 되었답니다.

물질세계의 객관적인 규율을 인정한다는 전제 아래 마르크스주의는 인간의 주관적 능동성을 더욱 강조했어요. 사람은 특정한 환경의 산물이자 현실 환경의 창조자이기도 해요. 동물은 환경에 적응하지만, 사람은 환경을 바꾸어나가니까요. 그리고 동물은 타고난 본능적 충동에 따라 그 생명활동을 유지하지만, 사람은 생산과 노동에 의지해 자신의 가정을 꾸리니까요.

예전의 철학들이 단순히 세계를 해석하고 묘사하는 데 만족했다면,

마르크스주의 철학은 근본적으로 세계를 개혁하려고 했어요. 그래서 마르크스주의 철학은 우선 '실천'의 사상을 철학사상의 영역으로 끌어들였답니다. 마르크스주의 철학은 인간의 생산실천 활동과 인간과 자연의 상호작용을 부각시켜 세계를 해석하는 목적이 결국 세계를 변화시키는 데 있음을 강조했지요.

아주 오랫동안 인류는 '자유, 평등, 박애'의 세계를 추구해 왔어요. 그런 이유로 다양한 유토피아 사상을 제시하기도 했고요. 마르크스는 오직 과학연구의 기초 위에서 역사유물주의의 원칙을 활용해 공산주의의 이상왕국을 그려냈어요. 그곳은 진정한 자유와 평등이 실현되는 아름다운 사회이지요. 이 사회에서는 모든 억압과 착취, 우매함과 가난, 현실 속의 불평등이 사라지게 됩니다. 그렇기 때문에 마르크스주의는 탄생한 이후로 가장 영향력이 있는 이론학설이 되었답니다.

마르크스주의 철학은 오늘날에 이르기까지 철학 역사 가운데 가장 성숙한 유물주의 이론체계예요. 변증유물주의와 역사유물주의의 사상적 논리 가운데 형태가 있는 객관적 물질세계와 형태가 없는 주관적 정신세계 모두 가장 구체적이고 진정한 이론을 갖게 된 것이지요. 우주의 어머니에 대한 끝없는 탐색과 세계의 본질문제에 대해 마르크스주의 철학은 정확한 해답을 제시했어요.

물론 마르크스주의 철학이 세상 모든 진리를 속속들이 드러냈다고 확정지을 수는 없어요. 이제는 어떤 자연사회에 관한 문제도 연구할 필요가 없으니, 마르크스주의의 이론적인 진리 위에 누워 낮잠이나 자면 된다고 할 수도 없고요. 과거에 고민했던 문제들은 없어졌지만 현대 인류사회의 생활에 큰 변화가 일어났고, 현대 과학기술의 꾸준한 발전으로 새로운 문제가 생겨났기 때문이에요.

이를테면 우리는 오늘날 정보화의 세계와 인터넷 시대를 본격적으로 맞이하고 있어요. 컴퓨터 앞에 앉아 키보드를 두드리고 마우스를 눌러 인터넷 페이지만 넘기면, 수많은 뉴스와 자료가 쏟아져 나온답니다. 지식을 얻는 방식에 큰 변화가 일어났고 그에 따라 우리의 사유방식에도 변화가 생겨났지요. 공업기계화가 일어나던 시대에 살던 마르크스가 오늘날처럼 인류의 생활에 엄청난 변화가 일어나리라고 상상이나 했을까요? 그렇기 때문에 마르크스주의 역시 끊임없이 자신의 사고방향을 조정하고 세계에서 벌어지고 있는 새로운 변화를 반영하며 설명해야 할 것이에요.

먼 옛날, 우주는 신비의 대상이었고 우리에게 다양한 문제를 안겨주었지요. 이 우주가 멈추지 않고 변화하는 한 우리의 철학적 탐구도 끝나지 않을 것이에요. 달에 도달하고자 했던 인류의 꿈은 이미 현실이 되었고, 화성에 발을 내딛겠다는 인류의 계획은 진행 중이에요. 우주라는 어머니에 대해 우리는 오늘날까지도 그녀의 일부 혹은 얼굴만 보았을 뿐이지요. 우주는 아직도 수많은 문제를 품은 채 인류가 한 발 더 앞선 탐구를 해주기를 고대하고 있답니다.

삶에 관한 궁금증을 풀어보는

철학 여행

2011년 3월 20일 초판 1쇄 인쇄
2011년 3월 25일 초판 1쇄 발행

지은이 한닝 · 리위 · 스샤오밍
감수 플라톤철학연구소
옮긴이 정세경
편집주간 이화승
교정 홍미경, 이혜림, 이준표
제작 서동욱, 이경진
영업기획 김관호, 이장호
영업관리 윤국진
디자인 이창욱
발행인 이원도
발행처 베이직북스
E-mail basicbooks@hanmail.net
주소 서울 마포구 동교동 165-8 LG팰리스 1508호
등록번호 제313-2007-241호
전화 02) 2678-0455
팩스 02) 2678-0454
ISBN 978-89-93279-75-7 44100
값 11,000원